炒股入门必读·快速收益指南

U0615654

新股民入门必备

XINGUMINRUMENBIBEI

林富荣 ◎著

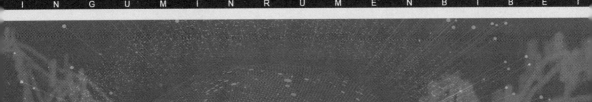

经济管理出版社

ECONOMY & MANAGEMENT PUBLISHING HOUSE

图书在版编目（CIP）数据

新股民入门必备/林富荣著. —北京：经济管理出版社，2020.1
ISBN 978-7-5096-7017-0

Ⅰ.①新… Ⅱ.①林… Ⅲ.①股票投资—基本知识 Ⅳ.①F830.91

中国版本图书馆 CIP 数据核字（2020）第 022083 号

组稿编辑：杨国强
责任编辑：杨国强 张瑞军
责任印制：黄章平
责任校对：张晓燕

出版发行：经济管理出版社
　　　　　（北京市海淀区北蜂窝 8 号中雅大厦 A 座 11 层　100038）
网　　址：www. E-mp. com. cn
电　　话：(010) 51915602
印　　刷：三河市延风印装有限公司
经　　销：新华书店
开　　本：720mm×1000mm/16
印　　张：19
字　　数：300 千字
版　　次：2020 年 5 月第 1 版　2020 年 5 月第 1 次印刷
书　　号：ISBN 978-7-5096-7017-0
定　　价：68.00 元

前　言

本书是写给准备理财的人和理财中的人看的，他们都想让自己的财富获得更多的收益。

理财的方式很多，包括银行理财、证券理财、基金理财、债券理财、保险理财、其他理财，等等。这些理财方式有个共同点，就是为国家、为企业筹措资金，帮助国家和企业的货币快速地流通。

由于人有越来越贪婪的心理，理财赚了 10%，还想着继续赚 20%，赚了20% 又想继续赚 40%，结果如此循环，本金和利息可能都亏光了。

学习理财，我们不但要学习每一种理财产品的规则，还要了解"骗子"的手法，才能保住本金，稳中赚钱，跑赢通胀。

如果你在股票市场里赚不了钱，那么去玩哪一种理财都不可能赚到钱。很多人玩股票，玩着玩着亏本了，就去玩其他理财，比如基金、期货、白银等。结果这边亏完，另一边也亏。

因为在股票交易里，玩这个游戏的只有机构和个人。那么这个游戏要么是个人赚取机构的资金，要么是个人赚取个人的资金，要么是机构赚取机构的资金，要么是机构赚取个人的资金。总之，谁玩这个游戏，谁就会有赚有亏，很少会平。如果按二八法则，肯定就是 20% 的人赚钱，80% 的人亏本，就算平了，也要支付印花税和佣金等费用。

理财可以分为投资和投机，投资一般是中长线的理财行为，是投资者看好企业的未来发展，期望未来可以有超乎想象的收益。投机一般是短线的理财行为，投机者一般看哪种理财收益高、期限短就投资的行为，比如看中某股票这一周会涨 10%，投机者买入，不管涨跌，一周后就卖出的短期行为。

股票市场运营多年，肯定有一定的游戏规则，而且也是比较完善的。根据数据分析，肯定也可以看出一些规则。希望本书的数据分析和研究出来的规则，可以帮助读者成为 20% 赚钱的用户，跑赢通胀。

以往的理财图书大多是两种类型：

（1）对理财基础知识的解析——概念的解析；

（2）对理财岗位工作的描述——经验的谈论。

与以上两种类型的理财图书相比，本书的侧重点在下面四部分：

（1）为什么需要理财——通货膨胀，用户必须懂得钱生钱的道理。

（2）理财的方式——了解银行、股票、基金、债券、保险等理财方式。

（3）理财的骗局——防止被骗，保住本金。

（4）理财的见解——股票的规则、手段、数据。

本书列举了大量理财的案例，数据均经过验证和分析，图文并茂，清晰简明，能够帮助读者熟悉理财的全过程。无论是打算投身于理财的新人，还是具有一定理财经验的人，都可以通过本书对理财有全面的理解和认识。希望读者阅读完本书后，能够学以致用，跑赢通胀。

地球是椭圆形的，无论人怎么走，都走不出地球，要想走出地球，就要用飞机、火箭等工具。正如玩股票，无论人怎么玩，都不可能完全控制上证指数。

鉴于理财知识涉及的科目众多，作者时间和水平有限，很多知识未了解到，书中如有错误的内容，敬请读者指正。

理财有风险，投资需谨慎。

目　录

PART 1　理财基础学习篇

PART 2　投资股票实践篇

PART 3　分析和方法篇

PART 1

理财基础学习篇

第一章　通货膨胀

今年一杯柠檬茶 10 元，工资 1 万元；明年一杯柠檬茶涨价到 15 元，工资仍 1 万元；后年一杯柠檬茶涨价到 20 元，工资还是 1 万元。每年的商品都在涨价，而工资不涨。说明通货膨胀后，今年能买 1000 杯，明年只能买 666 杯左右，后年只能买 500 杯，相同的工资已经买不了同等数量的商品了。通货膨胀使得现有资金在未来使用贬值了。

由于通货膨胀，未来的 1.1 万元可能就等同现在的 1 万元的价值。认识到这一点，我们要努力把目前拥有的 1 万元，明年变为 1.1 万元，甚至更多，才不会受通货膨胀的影响。

第一节　通货膨胀

通货膨胀指在货币流通条件下，因货币供给大于货币实际需求，货币发行过多，导致货币贬值，贬值使得一段时间内商品价格会持续上涨的现象出现。

在凯恩斯主义经济学中，通货膨胀产生的原因为：经济体中总供给与总需求的变化导致商品价格水平的移动。

在货币主义经济学中，通货膨胀产生的原因为：当市场上货币发行量超过流通中所需要的货币量，就会出现货币贬值，商品价格上涨，导致购买力下降，这就是通货膨胀。此经济学理论被总结为一个非常著名的方程公式：$MV = PT$。式中，M 表示一定时期流通中货币的平均数量；V 表示一定时期单位货币的平均周转次数，即货币流通的速度；P 表示商品和劳务价格的加权平均数；T 表示商品和劳务的交易数量；MV 表示货币总值；PT 表示商品和劳务价格的交易总值；MV＝PT，即货币总值＝商品和劳务价格的交易总值，那么就不存在通货膨胀。

经济学学者认为货币贬值只影响此货币所在国使用的价值。

经济学学者认为通货膨胀影响国际市场上的价值。

这两者之间的相关性为经济学上的争议之一，这里我们不深入研究和探讨，只需要读者了解基础的通货膨胀。

当工资上涨率＞物价上涨率，那么你的工资就跑赢通货膨胀。

当工资上涨率＝物价上涨率，那么你的工资就抵销了通货膨胀的影响。

当工资上涨率＜物价上涨率，那么你每年都在变相地减工资。

第二节 为什么会通货膨胀

通货膨胀涉及的原因如下：

（1）战争：由于战争，农产品越来越少，导致食品减少，供小于求，食品价格上涨，造成通货膨胀。

（2）天灾：由于经常下雨或干旱，导致粮食无法种植，食品价格上涨。

（3）国家大量印刷钞票：造成货币的价值降低，钞票过多导致通货膨胀。A 国家持有 B 国家大量的钞票，那么 A 国家肯定期望 B 国家的钞票升值，不希望 B 国家过多印钞票。

（4）人为一：以前有一个人，计算了市场现货黄金有多少，要用多少货币可以买光市场上的这些黄金，后来找到皇室共同实施这个方案。最后市场缺货，导致黄金价格大涨，因为供货小于需求，所以造成通货膨胀。

（5）人为二：企业垄断生活的必需商品价格，商品价格只升不降，不根据市场的实际需求调整价格，使得人们买不起，但是还得买，因此造成通货膨胀。

（6）成本一：由于员工的工资上涨、运输成本上涨（汽油价格上涨导致），导致生产商品的成本上涨，那么商品价格也必上涨，最后造成通货膨胀。

（7）成本二：由于银行利率的上涨，企业去银行借款做生意，由于利率上涨，企业成本就增加了。成本增加了，企业只能把商品价格提高，最后造成通货膨胀。

（8）货币：各国迫使人民币升值，人民币升值了，就会造成通货膨胀。人民去国外购买商品就便宜了，那么外国就会赚钱了。如果人民都去外国买商品，很少在本国购买商品，使得资金流出，同时可能造成本国商品供大于求。

综合以上，根据取之于民，用之于民的道理。取（造）太多商品给人民，人民用不完，商品就会过剩。取（造）太少商品给人民，人民不够用，商品就会缺货。货币贬值，商家就涨价卖商品；货币升值，商家就降价卖商品。一切应该取决于实际的供求关系。

新凯恩斯主义提出的通货膨胀有三种形式：需求拉动通货膨胀、成本推动通货膨胀、固有型通货膨胀。

（1）需求拉动通货膨胀：因为 GDP 所产生的高需求与低失业率，所以使得通货膨胀，也称"菲利普斯曲线型通货膨胀"。新西兰经济学家威廉·菲利普斯在《1861~1957 年英国失业和货币工资变动率之间的关系》的文章中最先提出。

（2）成本推动通货膨胀：原油价格涨价，石油企业跟着涨价，人们的汽车加油费就贵了。也称"供给震荡型通货膨胀"。

（3）固有型通货膨胀：通常与物价和薪资螺旋有关联。员工每年都期望企业涨薪酬，企业给员工涨薪酬，那么就会提高出售商品的价格，导致人们购买商品费用增加了。如果企业给员工涨工资，不提高商品价格，那么企业利润就会降低，也称"结构性通货膨胀"。

可见，需求拉动通货膨胀、成本推动通货膨胀会影响固有型通货膨胀的高低。

第三节　GDP 与通货膨胀

GDP 是国民经济核算的核心指标，也是衡量一个国家总体经济状况的重要指标。但 GDP 不适合衡量一个地区或城市的经济状况，因为每个城市的生产总值上缴国家或上级的量不同，自然每个城市剩下的财富就不同。剩下的财富不同，导致各个城市发展的快慢也不同。

通货膨胀率（Inflation Rate）指的是货币超额发行部分与实际需要的货币量之比，用于反映通货膨胀和货币贬值的程度；价格指数指的是反映价格变动趋势和程度的相对数。

GDP = 消费 + 投资 + 政府购买支出 + 出口 − 进口

通货膨胀率 = (P1 − P0) ÷ P0

式中，P0 为去年的物价水平，P1 为现今物价平均水平。

GDP 的指标数据如表 1−1 所示。

表 1−1

指标	2016 年	2015 年	2014 年	2013 年	2012 年
国内生产总值（亿元）	743585.50	689052.10	643974.00	595244.40	540367.40
国内生产总值增长率（%）	6.70	6.90	7.30	7.80	7.90
人均国内生产总值（元/人）	53935.00	50251.00	47203.00	43852.00	40007.00
人均国内生产总值增长率（%）	6.10	6.40	6.80	7.20	7.30

数据来源：data.stats.gov.cn。

通货膨胀的数据如图 1−1 所示。

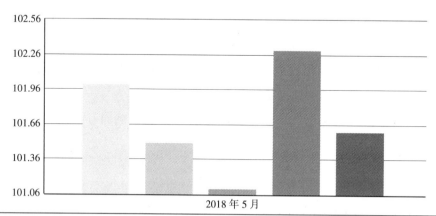

图 1−1

数据来源：data.stats.gov.cn。

GDP 举例：小明银行有 1000 万元存款，他把 400 万元用于购物，600 万元投资实体企业。小明做的这两件事情都与 GDP 公式中的消费和投资相关，使得 GDP 提高了。

通货膨胀举例：小明 2018 年去超市购买一瓶柠檬茶，只花了 10 元。但 2019 年的某天再去超市购买同样的柠檬茶，发现需要花 12 元才能购买，说明发生了通货膨胀。

GDP 和通货膨胀的关系：由此可见，小明不管购买了 10 元的柠檬茶，还是通货膨胀后 12 元的柠檬茶，都影响了 GDP 公式中的消费，使得 GDP 提高了。

如果社会的经济不增长或增长得很慢，中央银行通常会通过降低贷款利率而促进企业去银行贷款，鼓励人民消费和做实业，就会使得 GDP 提高。GDP 的提高，致使通货膨胀。

为什么通货膨胀有利于经济发展？

老师是如何使学生成绩通胀上去的呢？老师先出一套很难的考试题，结果全班平均成绩才 30 分。后来又出一套较简单的考试题，结果全班平均成绩 60 分了。

可见，老师适度地调整考试题的难易度，就能使班级平均成绩提高。学生第一次考试因为分低，会促进学生努力做题和复习。第二次考试成绩高了，就会使学生认为自己努力是有成果的。这样就利于学生有激情学习，成绩渐渐提升。

同理，适度的通货膨胀，使商品价格上涨，就会刺激厂商大量生产，卖个好价格。因为商品价格向上涨了，人们也必须要购买刚需的商品，人们感觉到商品贵了，就会不断地想办法赚钱和努力工作。如果刚需商品价格涨了 10%，上年城市消费 100 亿元，那么今年城市消费就变为 110 亿元，人们也需要努力工作使收入涨 10%，这样有利于经济发展，而且流通的实际货币量并没有增加。

第四节　通货膨胀的受益者和受害者

一、通货膨胀的受益者

（1）通货膨胀后，孩子们都不在自己的国家读书了，去国外读书了。因为人民币可以换取更多的外币，感觉在国外读书的费用和消费都便宜了。

（2）通货膨胀后，房地产和地皮的价格涨得最快。那么地产商和买了很多房产的企业就是受益者，他们后续如果以高于成本价 10% 出售，那么就跑赢了通胀。如果是从银行贷款，每年成本需要 8% 的利息，那么次年需要以高于成本价 18% 出售，才能成为受益者。

（3）通货膨胀后，生活用品是人们必须消费的。如果上年生活用品消费是 10 亿元，商品价格涨了 10%，那么今年生活用品消费就是 11 亿元，GDP 就会增长。那么受益者就是 GDP 了。

（4）通货膨胀后，某个国家政府想修一条铁路，就印发货币用于支付。铁路修好了，工人就有工资；家庭收入增加了，企业的销售额就增加了；铁路附近的餐饮企业就火了，人们的收入就增加了。

二、通货膨胀的受害者

（1）通货膨胀后，人们都去国外购买商品。企业生产的商品，国内没有消费者购买了，就会过剩，那么受害者就是国内企业。

（2）通货膨胀后，如果人们工资不涨，那么工资就贬值了，人们购买商品（消费）就少了。受害者就是人们和企业。

（3）通货膨胀后，穷人会把大量资金存在银行，为了便于资金用于医疗、教育、养老和日常生活，使得资金跑不赢通胀，那么穷人就是受害者。

（4）通货膨胀后，商人找银行贷款，就会增加成本，而且银行贷款可能会收紧或者提高贷款利率，那么企业成本就更大了，商人就是受害者了。

（5）通货膨胀后，商品价格提高了，以前的价格就买不到现在的商品了。

人民购买商品需要支付高的价格，那么受害者就是人民了。

（6）通货膨胀后，物价高居不下，原本一年一换的电器商品，人民不再一年一换了，使得购买力下降，企业的商品就卖不出了，而且企业商品的原材料也上涨了，使得企业经营困难，受害者就是企业了。企业倒闭后，人民就没有工作了，失业的人民也就没有工资收入了，那么受害者就是人民了。

第五节　如何控制通货膨胀

一、控制供求

当供大于求，商家提供 100 瓶柠檬茶供用户购买，但实际只卖了 20 瓶，剩下 80 瓶没卖出。中途商家可能见太少用户购买而降价。

当供小于求，商家提供 100 瓶柠檬茶供用户购买，但实际卖了 180 瓶，那么就少赚了 80 瓶柠檬茶的利润。中途商家可能见太多用户购买而涨价或者去采购时，生产商涨价。

如果商家控制供求关系比较好，最好的情况就是供求相等，商家提供100瓶柠檬茶供用户购买，实际卖出也是 100 瓶柠檬茶。那么控制供求关系平衡，就可以控制通货膨胀。

目前酒店企业也学会了控制供求关系。在淡季，降价；在旺季，涨价。每年的利润增加了。通货膨胀后，淡季和旺季的房间价格相应地增加，酒店里的各种小商品价格也相应地增加。

二、控制货币

货币是国家调控通货膨胀的一种手段。货币流通量过多，则会通货膨胀，货币贬值。货币流通量不足，则用户无法购买商品，商家有货无法赚货币。目前互联网时代，手机支付可以满足货币流通量不足，用户也可以购买商品，商家也可以赚货币。

当通货膨胀太快，可以采取控制货币的流通量，使用回收货币等战术，使其减慢。

当通货膨胀太慢，可以控制货币的流通量，多发行货币，促进人们消费。

三、控制刚需

刚性需求（Rigid Demand）指在商品供求关系中受价格影响较小的需求。刚需比如水、电、空气、食品，这些都是能使人类生存的物品。

如果国家不控制水、电、食品的价格，放任不管，那么按马斯洛需求论，人们就可能无法满足生理需求，即无法生存。比如最低工资 2000 元/月、水价 100 元/立方米、地球的空气 1000 元/月，这样的水平让人民如何能够生存？

四、控制政策

因为 GDP = 消费 + 投资 + 政府购买支出 + 出口 − 进口，那么减少人民消费、减少投资渠道、减少政府购买支出、减少出口、增加进口都可以使 GDP 增长减慢。

国家如何制定政策可以控制呢？国家可以控制税收政策，税收多了，人们可用金额就少了，同时人民就会减少购物，自然就降低了人们消费水平。

国家可以控制政府各部门的购买支出高低，如本月某部门购买商品需 10 亿元，那么政府要求各部门次月购买的商品，需要在本月申报，那么就可以计算出所有部门的次月预算。当需要降低政府购买支出时，那么就可以按预算，拒绝部分部门购买或给一些购买额较高的部门减少预算。当需要提高政府购买支出时，那么就可以按预算，给一些购买率较低的部门增加预算。国家还可以使用限价、限购、限售的政策，控制通货膨胀。

五、控制银行利率

银行提高利率，那么人民就会将空余的资金存入银行，人民能获得比之前高的收益，银行也可以为央行回笼现金，使市场流通货币减少，降低通货膨胀的速度。

银行降低利率，那么人民空余的资金就会投资、购物，促进人民消费高了，GDP 增长了，也能提高通货膨胀的速度。

六、控制国际地位的币种升值

目前人民币与美元、黄金关联性最强，影响通货膨胀。

（1）各个国家都会储存一定量的黄金，保证自己国家的货币稳定发展。

（2）因为美元和黄金都是国际储备资金。通常美元跌，则金价涨；同样金价跌，则美元涨。

（3）各国都想人民币升值，这样各国储备的人民币即可换得更多的美元和黄金。然后又想人民币贬值，这样各国又可以把储备的美元和黄金换得更多的人民币。如此循环，人民币就很容易被其他国家控制，不利于国家的繁荣和稳定。

（4）目前世界黄金市场一般以美元标价，随着我国经济的飞速发展，未来世界黄金市场离以人民币标价越来越近。

总而言之，控制人民币、美元、黄金三者的储存量，也可以控制通货膨胀的快慢。

七、控制债券

根据发行主体的不同，债券主要有政府债券、金融债券和公司债券三大类。发行政府债券，可以回收较多货币，减少经济体系中货币流通的存量，使得货币稳定发展。通货膨胀了，债券原有的利率水平可能就没了吸引力，意味着没有投资者购买债券。而且原先持有债券的投资者，也对其造成了影响，可能想提前赎回债券。所以，如果通货膨胀，期限越长的债券就需要提高债券利率，吸引投资者。

八、控制最低工资

国家政府制定出一个最低工资范围，企业招聘人员必须符合国家规定的最低工资。这样能保证基层人员可以满足衣食住行的需求，人民有工资了，就会购买刚需用品，人民工作、获取工资、消费工资的循环，整个体系可以使得通货膨胀适合当前的社会发展。

国家通常会给企业一些行业性的补贴，希望企业能长远地发展。企业赚到钱了，就可能会给员工提高工资。

第六节　如何跑赢通货膨胀

通货膨胀与我们的关系密切存在，越富有的人越能感受到通货膨胀的影响。

例如：商人去年采购柠檬茶用了 100 万元，今年采购同样量的柠檬茶就需要 110 万元了。而老百姓去年买 1 瓶柠檬茶 5 元，今年买一瓶柠檬茶需要 5.5 元了。

虽然同样是涨了 10%，但商人采购量大，感觉到很大的变化；而老百姓采购量小，感觉不到有多少变化。

首先，我们必须学会理财，学会投资。这样我们就可以不管通货膨胀怎么产生的，但我们必须把目前的资金赚得比通货膨胀率高，才可以跑赢通货膨胀。

例如：现在 10 万元，明年通货膨胀率为 6%，即明年需要 10.6 万元才等于目前 10 万元的价值。

那我们如果把目前 10 万元，一年内赚得超过通货膨胀率 6%，那么我们就跑赢了通货膨胀。

赚钱只有两种方式：一种是劳动力赚钱；另一种是钱生钱。劳动力赚钱很艰难，也比较慢，赚得非常少，也很难要求企业给你涨薪酬超过通货膨胀率。而钱生钱是比较容易的，只需用户学会投资理财。

任何企业家和资本家都是先通过劳动力赚钱，赚得第一桶金后，再用钱生钱的方式赚钱。在劳动力赚钱的过程中，认识钱生钱的秘诀。在钱生钱的过程中，认识风险，保住本金，别贪心。记住机构看中的是投资者的本金，投资者看中的是机构给的收益。因此，产生了各种金融衍生品，金融衍生品是与金融相关的派生物，通常是指从原生资产派生出来的金融工具。

最近几年比较火的 P2P 理财，年化收益率 10% 左右，其实可以跑赢通货膨胀了。这个行业的整个盈利方式是怎样的呢？就是企业找到一个借款人借款 10 万元，调查借款人各种资料（也称风险控制），资料通过后，企业就发布到网站平台上，由网站的用户投资，投资满标后，网站平台则放款 10 万元给借款人，投资人开始计息，网站平台收取服务费。

通常网站平台收取借款人 30% 的年化利率，其中 10% 的利率给投资人，那么企业还赚 20%。表面看起来这个 20% 足以使企业运作，但实际运作 P2P 企业，有的由于借款人不还钱，借款人跑路，使得企业运营困难，无法给到投资人本息。也有借款人按时还款，企业老板把借款人还款的资金当自己的资金而花光了，没有把本息给到投资人。也有企业虚构借款人发布标的，投资人投资的资金，被企业老板花光了。

因此，虽然 P2P 年化收益率可以跑赢通货膨胀，但失去本金的风险较高，建议投资者要考虑风险。所以，建议用户自己学习炒股票知识，帮助自己赚钱，跑赢通货膨胀。

第七节　互联网虚拟货币会取代实体货币吗

2018 年我国很多城市的商家都支持手机支付，目前最常见的手机支付方式有微信支付（Weixinpay）和支付宝支付（Alipay）。现在很多人上下班、逛街都不带银行卡、现金，只带一部手机。坐车、吃饭、去超市购物、买票等直接用手机支付即可。

整个虚拟货币和实体货币是如何流转的呢？用户在银行开设银行卡，再存入金额，使用手机 APP 绑定银行卡，那么用户就可以使用 APP 支付了，APP 支付是扣减银行卡内的金额。可见，手机支付还是离不开银行卡的绑定。

如果手机支付可以离开银行和银行卡绑定，那么互联网虚拟货币可能会取代实体货币。离开银行卡后，APP 手机支付如何流转呢？企业发行货币和柜员机，用户登录 APP 应用，用户在企业的柜员机存入现金金额，用户的 APP 账户直接显示对应的金额，用户消费直接扣减企业的货币。

假设手机支付真的取代了实体货币。虽然说，手机支付取代实体货币的可能性只有 1%，但我们也要防范这种场合的到来。

取代实体货币，会发生什么事情？

（1）国家发行货币，能控制发行货币的供求关系和控制通货膨胀速度。取代后，企业能发行货币，那么国家就无法控制供求关系和通货膨胀速度。

（2）由于 GDP = 消费 + 投资 + 政府购买支出 + 出口 − 进口。企业取代实体货币后，国家无法统计出 GDP 的数据。用户消费了多少资金，只有企业的支付通道知道。那么国家税收的收入会大量减少，国家发展也会变慢。

如何防范手机支付取代实体货币？决不让手机支付企业发行货币和柜员机，企业的收支必须与银行和现金挂钩。控制一定数量的支付牌照发放，第三方支付的机构向银监会提供交易流水。

第八节　供求关系

一、金融机构怎样吸进用户的资金呢

员工离职的原因很简单：①工资不到位。②受了委屈。同理，用户愿意把自己的资金给金融机构理财的要求也很简单：①资金安全。②收益到位，有竞争力。以上两点都满足，后续就是企业业务人员努力把用户变为客户，好好服务客户，把服务做到位，那么就能吸进用户的资金。

二、金融机构怎么能保住公司的资金不流失呢

企业吸进客户的资金，资金躺在企业账户上也没有用处，而且结算日也要给客户本金和利息。金融机构吸进客户的资金，必须提供多种理财产品，帮助客户理财。例如，金融机构给客户年化收益为 10%，那么金融机构需要投资收益超过 10% 才有利润。如果金融机构的年化收益有 50%，其中 10% 兑付给客户，那么剩下的 40% 就是金融机构的利润和成本。

在股市行情不好的时候，金融机构尽量提供货币基金、债券的保本理财产品。在股市行情好的时候，金融机构尽量提供股票类的高风险、高收益理财产品。这样就可以在弱的市场中，帮助客户保证本金不流失；在强的市场中，帮助客户赚取最大收益。最后使得企业供求关系平衡，能赚取更多的利润。

三、金融机构缺钱吗

无论多么有钱的企业，都会缺钱和负债，他们都是使用客户的资金来赚得更多的资金。金融企业就像门口的一对狮子，一边吸进用户资金，另一边使用用户资金投资。当吸进用户资金过多，企业无法投资出去，那么就会亏损。当吸进用户资金过少，企业无法洽谈到有优势的成本价，那么也会亏损。所以，企业必须控制吸进来的用户资金和资金投资平衡，使得供求关系平衡。

第九节　总结

通货膨胀、股票价格和供求关系有一定的关联关系。就像人们购买大米时结果某上市公司的大米被人们抢购一空，那么大米就可能会涨价，上市公司就会赚得更多，股票价格可能会大幅上涨。

一般来说，投资者的年化收益为10%，就可跑赢当年的通货膨胀。

第二章　理财的方式

理财是一种防范通货膨胀的手段，其目的是使现有资金增值和保值。目前常见的理财方式有股票理财、基金理财、债券理财、保险理财、银行理财、黄金理财、实业投资、其他理财，等等。

由于每个人的时间都是有限的，每一种理财的方式都需要投资者花时间去学习、了解各种规则和规范，而且每隔一段时间都会有所变化。

在这里推荐投资者学习一种或两种理财方式的知识就够了，其他理财方式有所了解即可，不然一个人没有这么多时间和精力去深度学习。

从收益性和风险性来看：实业投资＞股票投资＞基金＞债券＞保险＞实物黄金＞银行理财。

（1）实业投资，是直接投资，企业上市后，投资的100万元资金变1亿元资金不是梦。一旦企业不上市，那么资金可能就变为空气。实业投资只适合资本企业投资运作，因为实业投资涉及了较多的法律法规知识。

（2）股票，是直接投资，高风险、高收益。不杠杆炒股，本金一般不会变为空气，运气很差也会剩下20%本金。只有天天交易，买什么跌什么的人，本金才会亏到20%以下。

（3）基金，是间接投资，根据基金的类型不同。基金投资于股票、债券、银行的比率也不同。风险越高，收益越高，风险越低，收益越低，成正比的关系。

（4）债券，一般有公司债券和国家债券。国家债券风险较低，稳定，因为国债是由国家发行的债券，由于国债的发行主体是国家，所以它具有最高的信用度，被公认为是最安全的投资工具。国家债券是中央政府根据信用原则，以承担还本付息责任为前提而筹措资金的债务凭证，简称国债或国债券。由于纳税人购买国债的利息收入，不计入应纳税所得额。不会投资的用户，购买适当的国债是不错的选择。

企业债券通常又称为公司债券，是企业依照法定程序发行，约定在一定期限内还本付息的债券（有价证券）。公司债券的发行主体是股份公司，但也可以是非股份公司的企业发行债券，所以一般归类时，公司债券和企业发行的债券合在一起，可直接成为公司（企业）债券。通常泛指企业发行的债券，中国一部分发行债券的企业不是股份公司，一般称这类债券为企业债券。

（5）保险，是间接投资，保险业的核心是运营规则。什么是运营规则？如客户买了车险，当汽车 1 年内没出现问题，这个保险费就归保险公司所有了。当客户买了车险，汽车在保险期内出现问题，那么保险公司就会赔偿，同时次年续费会增加保险费用。那么这样的运营规则，使得客户买了保险也不敢随便碰撞，碰撞了，小问题也不会报保险公司，因为次年保费会增加。所以保险公司里面会有精算师，主要从事保险费、赔付准备金、分红、保险额、退休金、年金等的计算和规则方案建议。

（6）实物黄金，黄金投资的方式，个人认为实物黄金投资最具有投资价值。实体黄金即可以当饰品佩戴，也可以保值。根据中国医学记载：黄金是一种固有配方，自古就有安神、美容之作用，黄金是一种惰性金属，属于稀有合金性金属，具有很强的抗氧化特性。

实物黄金理财是一举两得的行为，当投资人不缺钱，可以佩戴黄金饰品。当投资人缺钱了，可以卖掉实物黄金饰品，用于变现。

（7）银行理财，过去银行只有活期存款和定期存款两种理财方式，现在引入了保险、基金、债券等理财方式。定期存款是银行与存款人双方在存款时事先约定期限、利率，到期后存款人可支取本息的存款。活期存款指无须任何事先通知，存款人即可随时存取的一种银行存款，利息较低。总而言之，定期存款和活期存款是存款人与银行两者的签约约定行为。保险、基金、债券是银行帮助企业服务，银行提供理财产品给投资人选择投资，是投资人、银行和企业（保险、基金、债券）三者的签约约定行为。

直接理财和间接理财有什么不同呢？直接理财就像我们自己直接去到餐

厅吃饭，餐厅不收我们外卖费和送餐费。间接理财就像我们用手机 APP 点外卖，送货员送到我们的住址，但会向我们收取包装费、外卖费和送餐费。有时候，买的商品少了，包装费和送餐费比饭还要贵。相当于间接理财，投资几百元没赚到钱，还收取各种费用。

第一节　银行理财

进入各个银行的官方网站，都可见人民币理财产品。

按照产品期限、产品风险等级、收益类型，理财收益在 3%~8% 之间。

一、银行的理财产品内容

表 2-1

名称	示例
产品名称	××理财-360 天人民币理财产品
产品代码	LC123456
销售币种	人民币
收益类型	非保本浮动收益
产品风险评级	中低风险
产品成立日	2018 年 09 月 22 日
产品到期日	2050 年 09 月 30 日
业绩基准收益率（年）	5.20%
托管费率（年）	0.03%
固定管理费率（年）	0.00%
销售手续费率（年）	0.10%
费率启用日期	2018 年 09 月 22 日
产品托管人	××银行广东省××营业部
投资标的方向	市场信用等级较高的债券，货币市场工具，符合监管机构要求的信托计划、资产收益权及资产组合，其他低风险、流动性强的固定收益产品等工具，符合上述投向的资产管理计划
投资标的比例	货币市场工具 0~90%；债券资产 0~80%；信托计划、委托债权、资产收益权、货币市场基金、债券基金等其他资产 0~90%
产品单日净申购金额（元）	1500000000.00

二、投资比例

表 2-2

资产类别	资产种类	投资比例（%）
高流动性资产	债券及债券基金	0~80
	货币市场基金	
	同业存款	
	质押式及买断式回购	
债权类资产	债权类信托	0~80
	交易所委托债权	
	交易所融资租赁收益权	
权益类资产	股权类信托	20~100
	新股及可转债申购信托（含网上及网下）	
	结构化证券投资信托计划优先份额	
其他资产或资产组合	证券公司及其资产管理公司资产管理计划	0~80
	基金公司资产管理计划	
	保险资产管理公司投资计划	
	协议存款组合	

三、理财收益的计算方式

1. 工作日到期

理财资金投资正常，客户投资金额为 8 万元，年化收益为 4.5%，投资周期为 288 天，到期日为工作日，投资周期到期结束后，客户可以获取的收益为：

80000 元 × 4.5% × 288/365 天 = 2840.55 元

2. 非工作日到期

理财资金投资正常，客户投资金额为 8 万元，年化收益为 4.5%，投资周期为 288 天，但是到期日为非工作日（星期六），投资周期需要顺延，即投资周期为 290 天，投资周期到期结束后，客户可以获取的收益为：

80000 元 × 4.5% × 290/365 天 = 2860.27 元

3. 到期后自动复投

理财资金投资正常，客户投资金额为 8 万元，年化收益为 4.5%，投资周期为 288 天，客户勾选了自动复投 1 次，复投的年化收益为 5.0%，相当于客户投资了 576 天，那么客户最终收益为：

80000 元 × 4.5% × 288/365 天 + 80000 元 × 5.0% × 288/365 天 = 2840.55 元 + 3156.16 元 = 5996.71 元

四、银行理财产品的风险

（1）政策风险：业务产品在实际运作的过程中，期间如国家宏观政策和相关法律法规发生改变，影响到业务产品的发行、投资和兑付等情况，即影响到本业务产品的运营。例如：政策不允许债权转让，那么投资者投资的理财产品就不可以在中途转让给其他的投资者，无法提前兑付所有本金和部分利息。

（2）信用风险：投资者所投资的理财产品，涉及的融资人和发行人、借款人、法人的信用违约，对投资者而言就无法收回本息。例如：投资者投资了金额 10 万元、期限 1 年、年化利率 10% 的理财产品。未到期，企业老板拿着资金跑了，不履行合约约定内容。那么到期后，投资者也无法收回本息。很多人认为，有钱的人信用度较高，借了的钱通常会还。穷的人信用度较低，虽然很想还钱，但没钱还。现在，这样理解不完全正确。

（3）市场风险：由于资产市场或指数价格不利变动可能带来损失的市场风险。例如：某上市公司，业绩不错，经营不错，管理层也稳定，财务报表良好，但股票价格却下跌，可见股票市场拥有一定的市场风险。

（4）流动性风险：如果理财产品不可以提前赎回，那么已经投资的投资者必须到期才能取得本息，会有流动性风险。例如：投资者投资了期限 1 年的理财产品，投资才半年就想取回本金。由于不允许投资者提前赎回，使得投资者着急用钱也无法取回本金，需等到期才能获得本息，造成流动性差的风险。

（5）产品不成立风险：募集资金的机构无法在约定的时间募集到最低规模的资金，最后导致产品募集失败，客户将面临再投资风险。为了使产品成立，很多机构都会剩余包销，即投资者的资金＋机构自己的资金（剩余包销）＝最低规模的资金（产品能成立的资金）。

（6）提前终止风险：投资者投资期限为 1 年的理财产品，投资了半年后，由于借款人提前还款，使得借贷双方提前终止本产品。投资者虽提前半年获得本息，但获得的资金还要找其他好的理财产品投资，投资者将面临再投资风险。

（7）交易对手管理风险：交易对手受经验、技能、执行力、管理能力等综合因素的限制，可能会影响理财产品的投资管理，并影响理财产品的到期收益。

（8）兑付延期风险：理财产品投资的资产无法及时变现，造成中介企业不能按时支付本金和利息给投资者，投资者无法按时收到本息，那么投资者将面临产品期限兑付延期、调整产品等风险。

（9）不可抗力及意外事件风险：由于自然灾害、战争等不能预测、不能避免、不能克服的不可抗力因素事件，可能导致系统故障、通信故障、投资市场停止交易、数据丢失故障等意外事件出现，最终理财产品的成立、投资、兑付、信息披露、公告、财报等也受到影响，客户将面临收益损失的不可抗力及意外事件风险。对于不可抗力及意外事件风险导致的损失，投资者自行承担。

（10）信息传递风险：投资者预留的联系方式发生变更时，没有及时通知企业，可能投资者无法收到企业发出的通知，造成信息传递失败，因而产生的责任和风险由客户自行承担。

五、总结

银行定期理财和活期理财都是不错的理财方式。虽然它的利率跑不赢通胀，但可以解决我们急用资金、灵活使用的问题，并且存放在银行相对安全，也可以缩小通胀的差距。

不会投资理财的用户，非常适合银行定期和活期理财，因为它能保本。

第二节　股票理财

1602 年，在荷兰的阿姆斯特丹成立了世界上第一个股票交易所。1990 年 12 月 19 日上海证券交易所正式营业。1991 年 7 月 3 日深圳证券交易所正式营业。

我国证券交易所也运营了多年。在这期间，我国的证券交易所经历了萌芽阶段、初步发展阶段、停滞阶段、恢复阶段、加速发展阶段。

众多理财方式中，笔者最喜欢股票理财。因为是直接的投资，能否赚到钱，就需要看自己的能力，这个能力包括分析能力、果断买入和卖出的能力。

买入股票后涨停或卖出股票后才下跌，是炒股的股民最开心的时刻，也是最享受的过程。如果把理财这一切都交给专业的机构帮助您理财，则无法享受这个过程和喜悦。

为了防范风险，目前市场上有一种股票组合的玩法，即一个组合购买 2 只或以上的股票。

例如：投资者全仓买了 S1 股票，S1 股票跌停了，那么投资者就亏损 10%。如果投资者全仓分别买了 S1 股票和 S2 股票各 50%，S1 股票跌停了，S2 股票涨停了，那么投资者亏损就减少了。我们把这种行为看作股票对冲。对冲指特意降低另一项投资的风险的投资，是一种在降低商业风险的同时，还可能会在投资中获得利润的方法。一般情况下，对冲是同时进行两笔行情相关、方向相反、数量相当、盈亏相抵的交易。

1981 年，诺贝尔经济学奖得主美国经济学家詹姆斯·托宾曾经说过："不要把你所有的鸡蛋都放在一个篮子里，但也不要放在太多的篮子里。"如果所有的资金都投资到一只股票里，风险较大，股票跌停，则一天 10% 的本金没了。如果平均分散到两只股票里，一只股票跌停，另一只股票不涨不跌，也就一天平均跌 5% 的本金。如果平均分散到 100 只股票里，投资的股票太多了，没有太多的精力去查看和分析，增加了时间和管理的成本，反而会与投资 1 只股票的风险一样大。

股票的投资组合，笔者认为在 2~10 只股票之间最适合。

一、股票的定义

股票是一种有价证券，它是股份有限公司签发的证明股东所持股份的凭证。股票在市场上发行，购买股票的投资者就成为公司的股东。股票实质上代表了股东对股份公司的所有权，股东凭借股票可以获得公司的股息和红利，参加股东大会并行使自己的权利，同时也承担相应的责任与风险。

我国《公司法》规定，股票采用纸面形式或国务院证券监督管理机构规定的其他形式。股票应载明的事项主要有：公司名称、公司成立的日期、股票种类、票面金额及代表的股份数、股票的编号。股票由法定代表人签名、公司盖章。发起人的股票，应当标明"发起人股票"字样。

现在科技发达了，投资者买卖上市公司股票都把载明的事项记录在互联网服务器上，投资者只需打开证券公司的软件即可查询到自己买卖股票的记录。

二、按股票的规模分类

按股票市值的大小区分：小盘股票、中盘股票、大盘股票，是一种最基本的股票分析方法。大盘股票，老股民通常称之为大蓝筹。大蓝筹的大盘股票特点是稳、大、长线赚钱。中、小盘股票是发行在外的流通股份数额较小的上市公司的股票，通常总股本在 5 亿元以下的归为小盘股，总股本 5 亿~100 亿元的归为中盘股。

按股票的规模划分为两种：

一种是依据市值的绝对值进行划分。过去将市值小于 5 亿元的公司归为小盘股，将超过 20 亿元的公司归为大盘股。现在股票越来越多，指数也越来越高，市值也越来越高，笔者认为，可以将小于 100 亿元的公司归为小盘股，100 亿~500 亿元的公司归为中盘股，将超过 500 亿元的公司归为大盘股。

另一种是依据相对规模进行划分。即将整个股票市场的全部上市公司按市值大小排名。市值较小、累计市值占市场总市值 20%以下的公司归为小盘股。市值较大、累计市值占市场总市值 50%以上的公司为大盘股。大盘股越多，指数则不容易被控制，市场相对稳定，但投资者的资金流动性就会降低，交易次数减少。小盘股越多，大涨大跌的机会越多，市场相对不稳定，但投资者的资金流动性高，市场相对活跃，交易次数增多。所以大盘股和小盘股就形成了一种互补的关系。

三、按股票的性质分类

按股票性质的不同，通常可以将股票分为价值型股票和成长型股票。

价值型股票通常是指收益稳定、价值被低估、安全性较高的股票，而且市盈率、市净率较低的股票。成长型股票通常是指收益增长快、未来发展潜力大，而且市盈率、市净率通常较高的股票。通常市盈率为 5~10 属于较低，市盈率为 10~20 属于低，市盈率为 20~30 属于正常，市盈率为 30~50 为较高，市盈率为 50 或以上为高。

市盈率计算公式：市盈率（静态市盈率）=普通股每股市场价格÷普通股每年每股盈利。

市净率计算公式：市净率 = 每股市价（P）÷每股净资产（Book Value）。市净率越低则风险越低，即市净率越小越好。

目前银行股的市盈率较低，市盈率为 6~10，属于价值型股票。

表 2-3

股票代码	股票名称	股票价格（元）	市盈率
600036	招商银行	30.69	10.23
002142	宁波银行	17.76	8.77
601229	上海银行	12.20	7.89
000001	平安银行	11.05	7.90
601398	工商银行	5.77	7.01
601288	农业银行	3.89	6.80
601988	中国银行	3.72	6.16

目前创业板的市盈率较高，市盈率为 50 以上，属于成长型股票。

表 2-4

股票代码	股票名称	股票价格（元）	市盈率
300085	银之杰	10.54	554.9
300015	爱尔眼科	32.25	86.41
300059	东方财富	11.25	62.16
300359	全通教育	6.92	51.88

四、股票的价格

（1）股票的理论价格。股票的价格是指股票在证券市场上买卖的价格。从理论上说，股票价格应由其价值决定，但是股票本身并没有价值，只是一张资本凭证。

为什么股票有价格呢？因为股票代表着收益的价值，能给投资者和持有者带来股息红利。股票交易从本质上来说是对未来收益权的转让买卖，股票价格是对未来收益的评定。理论价格通常与上市企业的实体经营挂钩，企业实体业绩越好，未来的股价则越高。

（2）股票的市场价格。股票的市场价格一般是指股票在二级市场上交易的价格。股票的市场价格由股票的价值决定，但同时受许多其他因素的影响，最直接的影响因素就是供求关系，其他影响因素都是通过作用于供求关系而影响股票价格的。因为影响股票价格的因素复杂多变，所以股票的市场价格呈现出高低起伏的波动性特征。例如：投资者对某个小盘股票大手买、大手卖，就会使该股短期里有明显的高低起伏。

（3）影响股票价格的因素。股票价格变动的因素，就是梳理影响供求关系变化的深层次的原因。

例如：为了夺取或保持公司控制权，需要买入一定量的股票，从而达到拥有公司控制权的效果。那么这时股东是不会考虑股票价格是否会涨，考虑市场上还有多少流通股可以买入。大股东为稳定投资者的信心，发布社会公告承诺增持公司股票，为了履行承诺而买入的股票。短线投资者赚了 20%，觉得股票价格被高估了，赚得差不多了，决定卖出。长线投资者觉得股票被低估了，还可以继续涨 50%，决定买入。一买一卖的过程中，股票价格就会有高低起伏。

五、总结

很多基金公司、投资公司都会将资金投资于股票，证券交易所也会向基金公司、投资公司收取相关交易费用。用户去申购基金公司的基金，基金公司不会从用户资金本金中收取基金投资证券的费用。

为什么有些个人投资者不愿意自己投资股票呢？他们既不愿意学习，也不愿意享受投资股票的乐趣。有些个人投资者认为省时省力，省时体现在不用自己去操作买卖，省力体现在不用自己去研究市场和学习。

在多家基金公司中，可能会有 1~2 名知名的、每年盈利 100% 的专业人员。个人投资者如果能买得上他们操作的基金，也许还是可以赚到的。

总而言之，笔者认为，如果赚钱都需要别人帮你赚，很快本金就不会属于你的。所以，我们要及早学习投资股票知识，前期哪怕是亏本，也要自己操作。人不亏本，就不会懂股票的规则，懂得规则，那么赚钱的概率就会提升。

祝好运，三分天注定，七分靠学习和打拼。

第三节 基金理财

一、基金的风险

按照基金风险的区分，基金可分为股票型基金、指数型基金、混合型基金、债券型基金、货币型基金。风险有多大，收益有多高。

股票型基金：即大部分资金都投资在股票里的基金，股票投资的比例不能低于 80%。（原先定义股票投资的比例不能低于 60% 已经成为历史）。例如：某基金有 1000 万元，其中有 800 万元需要投资于股票，这种称为股票型基金。

债券型基金：即大部分资金都投在债券里的基金，债券投资比例为总资金的 80% 以上。例如：某基金有 1000 万元，其中有 800 万元投资于债券，这种称为债券型基金。

混合型基金：即基金公司将一部分资金投资在股票市场，一部分资金投资在债券市场，一部分投资在货币市场的基金。例如：某基金有 1000 万元，500 万元投资在股票市场，400 万元投资在债券市场，100 万元投资在货币市场基金，这种被称为混合型基金。

货币型基金：即全部资金都投资在市场上各种短期货币的基金。例如，余额宝里的货币基金七日年化收益预计有 3.45%、理财通里的货币基金七日年化收益预计有 3.55%，等等。

指数型基金：即一种以拟合目标指数、跟踪目标指数变化为原则，实现与市场同步成长的基金品种。指数基金的投资采取拟合目标指数收益率的投资策略，分散投资于目标指数的成份股，力求股票组合的收益率拟合该目标指数所代表的资本市场的平均收益率。指数基金是成熟的证券市场上不可缺少的一种基金，在西方发达国家，股票指数期货、指数期权、指数权证、指数存款和指数票据等其他指数产品一样，日益受到包括交易所、证券公司、信托公司、保险公司和养老基金等各类机构的青睐。例如，富国上证综指 ETF（510210）、华夏上证 50ETF（510050）、周期 ETF（510110）。

二、投资目标

按照投资目标的不同，基金可分为成长型基金、价值型基金和平衡型基金。

成长型基金是指以追求资本增值为基本目标，较少考虑当期收入的基金，主要以具有良好增长潜力的股票为投资对象。

价值型基金是指以追求稳定的经常性收入为基本目标的基金，主要以大盘蓝筹股、公司债券、政府债券等稳定收益证券为投资对象。

平衡型基金则是既注重资本增值又注重当期收入的一类基金。

一般而言，成长型基金的风险大，收益高；价值型基金的风险小，收益也较低；平衡型基金的风险收益则介于成长型基金与收入型基金之间。

基金按照运作方式的不同，可以分为封闭式基金和开放式基金。

（1）存续期限不同。开放式基金没有固定期，投资者可随时向基金管理人赎回基金单位。封闭式基金通常有固定的封闭期，一般为 10 年或 15 年，经受益人大会通过并经主管机关同意可以适当延长期限。

（2）规模可变性不同。开放式基金通常无发行规模限制，投资者可以随时提出认购或赎回申请，因此基金规模会增加或减少，开放式基金需要预留一部分现金，投资者赎回时可能就会从预留的现金中提取一部分。封闭式基金在招募说明书中列明此基金的规模，发行后在存续期内总额固定，未经法定程序许可不得再增加发行，即不允许投资者再增加资金购买了。

（3）可赎回性不同。开放式基金具有法定的可赎回性。投资者可以在首次发行结束一段时间，该期限最长不得超过3个月后，随时提出赎回申请。封闭式基金在封闭期间不能赎回，挂牌上市的基金可以通过证券交易所进行转让交易，份额保持不变。

（4）交易价格计算标准不同。封闭式基金的交易价格受市场供求关系影响，常出现溢价或折价交易现象，通常为折价交易，并不必然反映基金的净资产值。开放式基金的申购价一般是基金单位净资产值加一定的购买费，赎回价是基金净资产值减一定的赎回费，与市场供求情况的相关性不大。即投资者购买的开放式基金申购和赎回都有一定的费用，也有的基金公司为了让投资者能中长期投资，承诺投资多少年，可以免部分的费用。

（5）投资策略不同。开放式基金为了应付投资者随时赎回兑现，必须在投资组合上保留一部分现金和高流动性的金融商品。封闭式基金的基金资本不会减少，有利于长期投资，基金资产的投资组合能在有效的预定计划内进行。

简单地说：

开放式基金——就像有一张100元，但需要分开两部分，一部分是95元，另一部分是5元。妈妈拿95元去买菜了，在家的孩子也可以自己拿着5元去买雪糕吃。

封闭式基金——就像有一张100元，妈妈拿去买菜了，在家的孩子就不可能自己拿着5元去买雪糕吃了。这样子看起来貌似很不错。

开放式基金——如果妈妈带着95元去买菜，但实际需要96元；孩子带着5元去买雪糕，但实际需要4元。可见，虽然具有流动性，但妈妈钱不够，只能回家等孩子回家再取1元去买菜。

封闭式基金——如果妈妈买菜把100元用光了，那么孩子可能没有雪糕吃了。

基金理财涉及的费用有认购费、申购费、赎回费、管理费、托管费、销售服务费，等等。有些基金认购费、申购费、赎回费都是免费的，从而把费用转到管理费、托管费、销售服务费中。未来会不会衍生出其他的费用呢？肯定会的。

三、基金的分类

（1）根据运作方式的不同，可以将基金分为封闭式基金、开放式基金。

（2）根据法律形式的不同，可以将基金分为契约型基金、公司型基金。

（3）根据投资对象的不同，可以将基金分为股票基金、债券基金、货币市场基金、混合基金等。

（4）根据投资目标的不同，可以将基金分为增长型基金、收入型基金和平衡型基金。

（5）根据投资理念的不同，可以将基金分为主动型基金与被动（指数）型基金。

（6）根据募集方式的不同，可以将基金分为公募基金和私募基金。

（7）根据基金的资金来源和用途的不同，可以将基金分为在岸基金和离岸基金。

（8）特殊类型基金：系列（伞型）基金、基金中的基金、保本基金、交易型开放式指数基金（ETF）与 ETF 联结基金。

四、申购基金的计算

基金的申购指的是投资者在开放式基金合同生效后，申请购买基金份额的行为。

申购公式：

净申购金额 = 申购金额 ÷（1 + 申购费率）

申购费用 = 净申购金额 × 申购费率

申购份额 = 净申购金额 ÷ 申购当日基金份额净值

当申购费用为固定金额时，申购份额的计算方法如下：

净申购金额 = 申购金额 − 固定金额

申购份额 = 净申购金额 ÷ T 日基金份额净值

案例：

某基金的申购费率如下：

表 2-5

申购金额（含申购费）	前端申购费率
100 万元以下	1.5%
100 万元以上（含 100 万元）~ 500 万元以下	0.9%
500 万元以上（含 500 万元）~ 1000 万元以下	0.7%
1000 万元以上（含 1000 万元）	每笔 1000 元

此基金的净值为 1.150 元。有两笔申购基金的金额，分别是 100 万元和 500 万元，则此两笔申购的前端申购费用和获得基金份额的计算。

第一笔申购：申购金额 100 万元，对应费率 0.9%

净申购金额 = 1000000 元 ÷ (1 + 0.9%) = 991080.28 元

申购费用 = 991080.28 元 × 0.9% = 8919.72 元

申购份额 = 991080.28 元 ÷ 1.150 = 861808.94（份）

第二笔申购：申购金额 500 万元，对应费率 0.7%

净申购金额 = 5000000 元 ÷ (1 + 0.7%) = 4965243.30 元

申购费用 = 4965243.30 元 × 0.7% = 34756.70 元

申购份额 = 4965243.30 元 ÷ 1.150 = 4317602.87（份）

由此可见，申购金额越大，前端申购费率越低。

五、赎回基金的计算

开放式基金的赎回指的是基金份额持有人要求基金管理人购回其所持有的开放式基金份额的行为。

投资者在办理开放式基金赎回时，一般需要缴纳赎回费，货币市场基金及中国证监会规定的其他品种除外。赎回费率不得超过基金份额赎回金额的 5%，赎回费总额的 25% 归入基金财产。

赎回公式：

赎回总金额 = 赎回份额 × 赎回日基金份额净值

赎回费用 = 赎回总金额 × 赎回费率

赎回金额 = 赎回总金额 − 赎回费用

案例：

某基金的申购费率如下：

表 2-6

持有期限	场外赎回费率（%）
<7 天	1.5
7 天以上（含 7 天）~ 30 天以下	0.75
30 天以上（含 30 天）~ 365 天以下	0.5
>365 天以上（含 365 天）	0.00

投资者在持有 35 日时，赎回 863520 份基金份额，由于持有 35 日，对应场外赎回费率为 0.5%，该日基金份额净值为 1.080 元，则投资者获得的金额为：

赎回总金额 = 863520 × 1.080 = 932601.6（元）

赎回费用 = 932601.6 × 0.5% = 4663.01（元）

赎回金额 = 932601.6 − 4663.01 = 927938.59（元）

即投资者的赎回金额是 927938.59 元。

由此可见，投资者持有基金期限越长，场外赎回费率越低，甚至免费。

六、管理费的计算

管理费指的是基金管理人为管理和操作基金而收取的报酬。

通常按照基金资产净值的一定比例提取，逐日累计计提，按月支付。

管理费公式：

每日应付的基金管理费 = 前一日的基金资产净值 × 年管理费率 ÷ 当年天数

> **案例：**
>
> 基金前一日资产净值为 100 亿元，年管理费率为 0.25%。
>
> 今天应计提的基金管理费 = 100 亿元 × 0.25% ÷ 365 天 = 68493.15 元
>
> 当基金资产净值 30 天每天都不变的情况下，30 天的基金管理费为 68493.15 元 × 30 天 = 2054794.50 元。
>
> 当基金资产净值 365 天每天都不变的情况下，365 天的基金管理费为 24999999.75 元。

由上述的公式可见，管理费不是基金赚钱才需要支付的，基金亏损也是需要支付的。基金越赚钱，净值越高，收取的管理费也就越高了。

有点像企业的销售人员一样，销售人员一个月没找到什么业务，但一个月都来上班了，企业也需要支付基础工资。如果找到客户了，就是基础工资+提成。

所以，投资基金要找个投资很赚钱的高手，哪怕管理费高。

七、托管费的计算

基金托管费是指基金托管人为保管和处置基金资产而向基金收取的费用。例如，银行为保管、处置基金信托财产而提取的费用。逐日累计计提，按月支付给托管人。

托管费公式：

每日应付的基金托管费 = 前一日的基金资产净值 × 年托管费率 ÷ 当年天数

> **案例：**
>
> 基金前一日资产净值为 100 亿元，年托管费率为 0.25%。
>
> 今天应计提的基金托管费 = 100 亿元 × 0.25% ÷ 365 天 = 68493.15 元
>
> 当基金资产净值 30 天都不变的情况下，30 天的基金托管费为 68493.15 元 × 30 天 = 2054794.50 元。
>
> 当基金资产净值 365 天每天都不变的情况下，365 天的基金管理费为 24999999.75 元。

八、销售服务费的计算

销售服务费是指基金管理人根据基金合同的约定及届时有效的相关法律法规的规定，可以从开放式基金财产中计提的一定比例的费用作为销售服务费，用于支付销售机构佣金、基金的营销费用及基金份额持有人服务费等。

销售服务费自基金管理人公告的正式收取日起，每日计算、每日计提、按月支付。

销售服务费公式：

每日应计提的销售服务费 = 前一日基金资产净值 × 销售服务费年费率 ÷ 当年天数

> **案例：**
>
> 基金前一日资产净值为 100 亿元，销售服务费年费率为 0.25%。
>
> 今天应计提的销售服务费 = 100 亿元 × 0.25% ÷ 365 天 = 68493.15 元
>
> 当基金资产净值 30 天都不变的情况下，30 天的销售服务费为 68493.15 元 × 30 天 = 2054794.50 元。

九、总结

当 A 基金买了 B 股票和 C 股票，而投资者买了 A 基金，一周后，B 股票和 C 股票的股价不变，那么减去申购费用、赎回费用、管理费、托管费、销售服务费等费用后，购买基金的投资者也是亏本的。

现实生活中，有个富翁卖了一栋楼 358 亿元，中介经纪人的佣金有 7 亿元，富翁也给了佣金。

现实生活中，上市公司的 CEO 很多都是千万元年薪，但他帮公司赚了几十亿元、几百亿元，股东们都愿意以千万元年薪聘用。可见，想得到你要的东西，就要给别人想要的东西。

同理，投资者投资股票型基金，投资者想购买能赚大钱的股票型基金，那么就要找到一名操作厉害的基金管理人，哪怕管理费贵，并且基金管理人操作的基金数量最好不超过 3 只基金。因为如果 1 只基金买 10 只股，3 只基金就需买 30 只股，在有限的时间里，基金管理人真的可以研究透 30 只股的股性和验证财报信息内容吗？还是有点难度的，反正要笔者一个月研究透 30 只个股是不可能的。

基金定投通常指的是定期定额投资基金，是指在固定的时间（如每月10日）以固定的金额（如 1000 元）投资到指定的基金中。

基金定投适合每月有收入的员工购买，每月发了工资，每月定投 1000 元，一年就有 1.2 万元本金，还有利息，特别适合每个月都把钱花光的月光族。笔者以前 2000 元工资，到月底也是花光；有 2 万元工资，到月底也是花光；有 3 万元工资，到月底也是花光。那么可以通过定期存一点钱到余额理财（货币基金）慢慢积累起来的，货币基金能够帮助白领存第一桶金。

基金定投不适合投资风险较高的股票型基金，因为股票型基金如果一直涨，你定投进去，很容易就跌了，相当于你每当补仓的时候就大跌，这样亏损就严重了，风险也比较高。所以基金定投比较适合投资货币型基金、债券型（国债）基金。

许多基金公司都有自己的评级部门，但外界人认为都不可信。因为就像商家卖水果一样，卖家会说自己的水果不甜不好吃吗？肯定不会这么说，说自己的水果不甜不好吃怎能卖出去？卖家肯定要把不甜不好吃的水果，说得好甜好鲜好好吃，才会有很多人买，卖家才赚钱啊。

比较著名的基金研究和评级机构：穆迪（Moodys），惠誉（Fitchratings），理柏（Lipperleaders），标普（Standardandpoors），晨星（Morningstar）。这些评级企业自己没开设基金公司，所以能够站在中立的角度说话，看起来比较有说服力。

在基金理财中，笔者认为货币型基金最值得投资，虽然跑不赢通胀，但是可以存放一些闲置资金。

第四节　债券理财

一、债券投资的风险

一般情况下，债券不能收回投资的风险有两种情况。

（1）债务人不履行债务，即债务人不能按时足额按约定的利息支付或者偿还本金。不同的债务人不履行债务的风险程度是不一样的。政府债券的风险性最低，公司债券的风险性最高。

例如：张某购买了××公司发行的公司债券，到期后，由于××公司经营不善，无法偿还张某的本金和利息。

（2）流通市场风险，即债券在市场上转让时因价格下跌而承受损失。众多因素会影响债券的转让价格，其中较为重要的是市场利率水平。例如：李某购买了××债券，年化利率有5%，李某在市场上转让，但没多少人愿意接，后来有一个人愿意按年化利率4%接收，使得李某承受了年化利率1%的损失。

二、债券的分类

（1）根据发行主体的不同，债券可以分为政府债券、金融债券和公司债券。它们有哪些区别呢？

表 2-7

类型	政府债券	金融债券	公司债券
发行主体	政府	银行或非银行的金融机构	股份公司
主要用途	解决由政府投资的公共设施或重点建设项目的资金需要和弥补国家财政赤字	筹资用于某种特殊用途，改变本身的资产负债结构	为了满足经营的需要
期限	几个月至几十年	中期	中长期
风险性	政府担保，安全性很高	银行担保，安全性高	企业可能会倒闭，风险较大

（2）企业债券与公司债券，按债券有无担保划分，可分为信用债券和担

保债券。

（3）按付息方式分类：根据债券发行款中是否规定在约定期限向债券持有人支付利息，债券可分为零息债券、附息债券、息票累计债券。

（4）按债券券面形态可以分为实物债券、凭证式债券和记账式债券。

三、国债的偿还

1. 国债偿还的方式

分期逐步偿还法：对一种国债规定几个还本期，直到国债到期时，本金全部偿清。

抽签轮次偿还法：通过定期按国债号码抽签对号以确定偿还一定比例国债，直到偿还期结束，全部国债皆中签偿清时为止。

到期一次偿还法：实行在国债到期日按票面额一次全部偿清。

市场购销偿还法：从证券市场上买回国债，以至期满时，该种国债已全部被政府所持有。

以新替旧偿还法：通过发行新国债来兑换到期的旧国债。

2. 国债偿还的资金来源

通过预算列支：政府将每年的国债偿还数额作为财政支出的一个项目列入当年支出预算，由正常的财政收入保证国债的偿还。

动用财政盈余：在预算执行结果有盈余时，动用这种盈余来偿付当年到期国债的本息。

设立偿债基金：政府预算设置专项基金用于偿还国债，每年从财政收入中拨付专款设立基金，专门用于偿还国债。

借新债还旧债：政府通过发行新债券，作为还旧债的资金来源。实质是债务期限的延长。

四、总结

如果有闲置资金，可以投资 3 年以内的政府债券，即可以有比银行活期和定期存款高的收益，也相对安全，而且能帮助国家富强起来。

公司债券风险很高，同时收益也很高，但可能影响到本金收不回来，所以不建议购买公司债券。

国家债券也称金边债券，最初是英国政府发行的债券，以前英国政府发行的公债带有金黄色边，是安全性高、稳定性高、可靠性高的三高理财产品。

中央政府是国家的权力象征，它以该国的征税能力作为国债还本付息的保证，投资者一般不用担心"金边债券"的偿还能力。为了鼓励投资者购买国债，大多数国家都规定国债投资者可以享受国债利息收入方面的税收优惠，甚至免税。

第五节 保险理财

一、保险投资的风险

一般情况下，购买保险不能收回投资的风险有两种情况。

（1）市场风险：预期收益和实际收益，预期收益仅供客户参考，实际收益取决于保险公司投资收益。例如：用户购买了一份预期年化收益10%的保险，到期后，由于市场全年不景气，保险公司投资收益只有2%，那么用户实际收益只有2%。再如：陈婆婆拿着10万元去银行存款，结果银行柜员并没有为陈婆婆处理存款，而是带陈婆婆去旁边驻点的保险人员李某处办理保险理财。然而陈婆婆又被保险人员忽悠，购买了××保险预期年化收益10%，一年后，陈婆婆去取10万元，结果这10万元已经亏损得只剩下6万元了。

（2）管理风险：由于保险公司管理不善，内控机制不严密。例如，保险工作人员为了获得提成，客户问什么，保险人员都说可以理赔，导致客户付款购买了保险后，实际发生事故后，什么都理赔不了。再如，由于保险公司内控机制不严密，保险工作人员从公司中拷贝了所有客户资料，然后联系客户，要客户续费不需要打款到公司账户，打款到他的个人账户。结果该保险人员获得客户几千万元后就跑路了。

二、保险的分类

（1）按风险转移层次分类，可将保险分为原保险和再保险。

（2）按照保险保障范围的不同，可以将保险分为财产损失保险、责任保险、保证保险、信用保险、人身保险。

（3）按保险实施方式可分为自愿保险和强制保险。

（4）按业务保障对象可分为财产保险、人身保险、责任保险和信用保险。

（5）按照保险的性质划分，保险分为社会保险、商业保险和政策保险。

三、总结

笔者认为保险只有两种：

（1）用户购买了保险，到期后本金就给保险公司消化了，属于保险公司的资金。例如，用户购买了一年汽车保险，这一年内都没出过事故，那么购买的这一年的汽车保险就消化了。这种商业模式是非常成功的，只需要制定好运营规则和计算好收支，使客户出事故少，年年交保险；用户出事故多，年年提升保险费用。保险公司的资金来来回回就是消化客户的资金，100 个客户，只有一两个客户理赔成功，那么保险公司就能有所收益。

（2）用户购买了保险，到期后可以取得一定的本金或本息。例如，用户购买一种安全险，用户需一次或按期缴纳 50 万元，30 年后用户可以取回本金，在这 30 年的过程中保险公司赠送用户价值 5 万元的安全险，用户有重大疾病则可获得赔偿。

这种商业模式也是非常成功的。客户在银行存款 50 万元，活期年化利率 3%，那么一年利息 15000 元。保险公司吸进客户的 50 万元，即不用给客户利息，只需给客户一份保险，相当于客户变相花钱买了保险。同时，保险公司向银行贷款利息一般在 6%~8%，那么保险公司还节省了资金成本。

第六节 黄金理财

一、黄金投资的风险

价格风险：黄金在全球范围内有很大的市场，价格受外界因素的影响较大，国际政治、经济、军事等变动都是影响黄金价格的重要因素，这些因素是投资者们不能控制的。

行情风险：全球的黄金大行情的不可控以及难以正确预见、预测性，投资者因为误判行情而错误投资，导致亏损。

监管风险：目前黄金监管政策还未实现100%安全，也是需要完善，黄金交易市场仍旧处于监管缺位的状态，投资者的投资可能缺乏相关法律的保护。例如，企业利用监管漏洞骗取投资者投资，在短时间内耗尽投资者本金。

网络风险：现在黄金投资基本都在网络上进行，如果出现网络瘫痪、系统崩溃、计算机病毒入侵等状况，就会导致信息更新不及时和投资者无法进行交易，造成重大损失。例如，某天的行情可能会暴跌，而你杠杆了10倍炒黄金，你所住的地方刚好那时没网络，那么可能你无法卖出，就只能亏损到破产。

平台风险：黄金投资的骗人网站平台无处不在，它们用诱人的条件吸引投资者的投资目光，投资者一旦投资（充值）真实的资金进去骗人网站平台，那么就是亏损的开始，就算赚钱了也无法提现，直至平台的虚拟资金被骗人平台调整为0。

外盘风险：随着黄金市场不断扩大，吸引了大量外资的流入，国内兴起了境外投资机构，打着咨询服务企业的名义开展网络销售，并且骗取投资者的私人账户信息。

杠杆风险：由于杠杆的存在，投资者的盈利机会被放大，同样风险也变大。例如，1万元杠杆为10倍，跌10%后，本金就没有了。

二、黄金的分类

黄金投资包括实物黄金、期货黄金、纸黄金、现货黄金等投资。

实物黄金，指的是金条、金币、金饰等这种实物类黄金，以持有实物黄金为投资，是最简单、历史最悠久的黄金理财方式。投资者可以去黄金店购买金条、金饰、金币等黄金制造的饰品。过一段时间后，黄金价格上涨，投资者则可以带着金条、金饰、金币去黄金店卖回给商家，也可以加钱换更重的黄金饰品。一般投资者购买的是金条，因为金饰、金币商家可能会收取投资者相应的手工费。

纸黄金，是一种个人凭证式黄金，投资者按银行报价在账面上买卖"虚拟"黄金，个人通过把握国际金价走势高抛低吸，赚取黄金价格的波动差价。

黄金 T+D，指的是由上海黄金交易所统一制定的、规定在将来某一特定的时间和地点交割一定数量标的物的标准化合约。T+D 里的"T"是 Trade（交易）的首字母，"D"是 Delay（延期）的首字母。T+D 手续费高于期货、低于实物黄金、与股票相当，风险介于期货和股票中间。所以也是相当的高风险。

现货黄金，是杠杆类交易产品，风险大，T+0 的交易模式，24 小时可交易，是一种国际性的投资产品，由各黄金公司建立交易平台，以杠杆比例的形式向坐市商进行网上买卖交易，形成的投资理财项目。通常称现货黄金是世界第一大股票，因为现货黄金每天的交易量巨大，日交易量约为 20 万亿美元，所以没有任何财团和机构能够人为操控如此巨大的市场，完全靠市场自发调节。例如，用户只有 10 万元，杠杆后可以变为 100 万元炒黄金，当黄金跌 10%，那么用户的本金就没有了。风险非常高。

期货黄金，是指以国际黄金市场未来某时点的黄金价格为交易标的的期货合约，投资人买卖黄金期货的盈亏，由进场到出场两个时间的金价价差来衡量，契约到期后则是实物交割。期货黄金，也称作黄金期货合约，以黄金为交易对象的期货合同。黄金期货合约载有交易单位、质量等级、期限、最后到期日、报价方式、交割方法、价格变动的最小幅度、每日价格变动的限度等内容。

黄金套利交易模式：良好信誉的企业家低利率1%从中央银行借来黄金，再去市场上出售黄金，获得现金，用现金购买高利率5%的国债，从中赚取利差4%的利润。企业家抛售借来的黄金，打压了黄金价格大涨，同时赚到利差4%，使国债市场更活跃，是一举多得的方法。

企业家从中央银行借来的黄金是短期合约，投资国债是长期合约，如果中途金价上涨，中央银行此时向企业家索要黄金，那么企业家就会亏本。如此出现了黄金远期合约弥补这类风险。

黄金远期合约：金价不断下跌，黄金厂商怕未来黄金价格不涨，就事先把未来开采到的黄金产量先卖给企业家，防止黄金继续下跌的风险，企业家同时提供低利率4%贷款给黄金厂商。这样企业家就可以拥有黄金厂商的产量，用于偿还从中央银行借来的短期黄金。

三、总结

2004年4月14日，罗斯柴尔德家族宣布退出了伦敦黄金的定价体系，在此日期之前这个家族一直掌握着世界黄金的定价权，长达200多年。为何退出黄金的定价体系，至今仍然是个谜。

一个这么熟悉黄金的家族，都不玩黄金理财这个游戏了，个人能在黄金理财赚到钱的概率相对更低了。2018年，通过罗斯柴尔德家族发展发现，他们已经从事全球咨询、资产管理、商业银行的商业活动。可见，他们是吸收不会理财的用户资金，再用大资金去投资。

众多的黄金理财中，有初步的概念了解即可，不建议花太多时间研究，除非决定只投资黄金，需要杆杠的用户。杆杠的玩法，使有的投资者倾家荡产，使有的人财富万贯。

黄金理财中，只建议投资实物黄金。有钱了，黄金价格相对低，那么就购买些金条保值。人总有三衰六旺，"三衰"指的是"身衰""家衰""运衰"，"六旺"指的是"丁旺""财旺""畜旺""牧旺""农旺""果旺"。在穷到山穷水尽之时，可以卖了金条，用于生存。

第七节　实业投资

个人认为实业投资不太适合个人投资。一般个人投资实业股份也就占比10%以下，并且无法拥有决策权和控股权。

大股东会把实业的资金当作个人的资金使用，相当于企业就是大股东的提款机，想怎么用就怎么用，大股东可能会利用亲属、朋友所开的企业等做关联交易，掏空实业的利润。

目前很多企业，年年说亏本，但一直不愿意倒闭，而大股东及亲友不停地买名车、买新房。小股东则很难维权，投资的资金等于扔进大海。

可见投资实业，资金不像投资股票那样灵活，今天买入的股票，明天不看好就可卖出。今天投资了实业，明天就拿不回来了。由此可见，不上市的企业每股价值10元、8元都没人愿意买，上市后的企业每股20元都有人买，可能会抢着买。

一、常见的股权结构

（1）股权占比67%拥有绝对控制权，决定公司重大事项。股本变化，公司的增资和减资决策、修改公司的章程、合并、变更主营项目等重大决策，这些重要的事项是需要2/3票数的，67%就刚好大于2/3票数。

（2）股权占比51%拥有相对控制权，一些简单事项的决策、聘请独立董事、选举董事、董事长、聘请审议机构、聘请会计师事务所，聘请解聘一个总经理，是需要超过1/2票数的。51%就刚好大于1/2票数。

（3）股权占比34%拥有一票否决权，股东持股量在1/3以上，而且没有其股东的股份与他冲突，即拥有否决权。只要某个资本投资企业中立，那么其他小股东就很难得到企业的控制权和决策权。

二、案例

由于股权结构设计不当，拥有决策权和控股权的大股东也会被罢免。

增发前某企业股权结构：大股东 A 某占比 35%，B 资本投资占比 11%，C 资本投资占比 10%，D 资本投资占比 8%，小股东 E 某占比 1.5%，其他用户占比 34.5%。

增发后某企业股权结构：大股东 A 某占比 33%，B 资本投资占比 15%，C 资本投资占比 8%，D 资本投资占比 6%，小股东 E 某占比 3%，其他用户占比 35%。

可见增发后，大股东 A 某的股份被稀释了，B 资本股份多了，小股东 E 某增持后的股份多了。

虽然小股东 E 某占比只有 3%，但联合了资本投资股东和其他股东，股份合计占比 67%，超过了大股东。在股东大会上即可罢免大股东当董事长，取得决策权和控股权。

在互联网投资理财的年代，赚小钱靠个人，赚大钱靠团队。个人去投资实业企业，即不懂企业管理、企业运营的专业知识，仅仅当一个股东，没有控制权和决策权，那么个人还是安心地投资股票和稳定的理财产品比较明智。

投资股票：T 日投资，T+1 日即可取回。可投资实业是个无底洞，T 日投资，不知道哪年哪月哪日可以取回，也不知道大股东是否玩弄手段，把你投资 A 公司的资金通过项目移到与你没关系的 B 公司。

第八节　其他理财

一、什么是金融衍生工具

金融衍生工具也称为金融衍生产品，是与基础金融产品相对应的一个概念，指建立在基础产品或基础变量之上，其价格取决于基础金融产品价值（或数值）变动的派生金融产品。基础产品包括现货金融产品和金融衍生工具。金融衍生工具基础的变量包括利率、各类价格指数、天气温度和湿度指数。

金融衍生工具拥有强大的构造特性，通过金融衍生工具可以将老旧的基金产品、股票产品、债券产品、银行定期存款单、保险产品、黄金产品等金融产品组合成新的理财产品，再向投资者出售。可见，老旧卖不出的理财产品，可以通过金融衍生工具再次包装，卖给投资者。

通过这样的模式，每年都可以构造一些新的金融衍生品。例如，金融产品 A 预计未来为年化利率 30%，金融产品 B 预计未来收益为年化利率 -10%，平均年化利率 10%。通过金融衍生工具将这两个金融产品包装后，于是金融产品 C 衍生出来了，预计年化利率 10% 卖给投资者。这样就可以将没有投资者愿意投资的金融产品 B 销售出去了。

二、什么是杠杆

金融衍生工具的四个显著特性包括了跨期性、杠杆性、联动性、不确定性或高风险性。

杠杆性指的是通过金融衍生工具，投资者只需支付少量的保证金或权利金，就可签订远期大额合约或互换不同的金融工具。例如，股票配资，假如投资者支付 1/10 的权利金，企业就允许投资者扩大 10 倍资金用于买卖股票。即投资者支付 10 万元的权利金，投资者就可用 100 万元投资于股票市场。由于杠杆大，投资者亏 10%，本金就可能亏光了，投资者赚 10%，本金立刻就赚回来了。

期货杠杆，假如投资者有 1 万元资金投资股指期货，通过杠杆后，投资者需承担 10 万元资金风险。相当于，投资成功，投资者就有 10 倍的收益；投资失败，投资者就有 10 倍的损失。

杠杆相当于将收益放大的同时，投资者所承担的风险与损失也同时放大，即大盈大亏。

金融衍生工具的杠杆效应是一种高投机性和高风险性的，笔者建议个人新手投资者千万不要乱碰具有杠杆效应的理财方式和产品，如白银、期货、权证、配资等。

三、金融衍生工具常见的六大风险

（1）信用风险：交易中对方违约，没有履行承诺造成损失的信用风险。例如，买家 A 承诺一个月后从卖家 B 手上购买一批价值 100 万元的电脑，于是卖家 B 就提前去采购价值 100 万元的电脑，中途没有收取买家 A 的任何保证金。到达交收时间后，买家 A 并没有履行承诺从卖家 B 手上购买一批价值 100 万元的电脑，使得卖家 B 手上价值 100 万元的电脑一年也卖不出去，并且这批电脑也贬值 20%，受到严重损失。

（2）市场风险：由于资产市场或指数价格不利变动可能带来损失的市场风险。例如：某上市公司，业绩不错、利润不错，管理层也稳定，财务报表良好，但是股票价格却下跌，可见股票市场拥有一定的市场风险。

（3）流动性风险：由于市场缺乏交易对手而导致投资者不能平仓或变现所带来的流动性风险。例如，股票 A 涨停 10% 了，并且有 10 万手买盘封涨停，说明买方多，卖方少，导致投资者买不进股票。股票 B 跌停 10% 了，并且有 10 万手卖盘封跌停，说明卖方多，买方少，导致投资者卖不出股票，可见股票市场具有流动性风险。

（4）结算风险：因交易对手无法按时付款或交割可能带来的结算风险。例如，投资者用户 A 打新股中签了，在约定的付款时间，用户股票账户上没有按时留出打新资金，导致结算风险。

（5）法律风险：由于合约不符合所在国的法律，无法履行或合约条款遗漏及模糊导致的法律风险。例如，金融业是最快赚钱的，尤其伦敦金骗局最多。这些企业会以咨询公司的名义注册或海外公司注册，企业会用最快的手段帮助投资者用最快的时间亏光本金，达到赚钱的效果。系统可能是虚拟的系统，企业自己想调到什么行情就什么行情。

由于研究理财产品需要花大量的时间，有初步的概念了解即可。其实如果直接投资股票赚不了钱，你投资任何其他理财产品也不会赚到钱。因为大部分的理财产品都是从股票市场衍生出来的，同时希望读者每年都可以理财成功，赚到一些"买菜钱"。

第九节　总结

应该如何选择理财的方式呢？

比如说有一个包包，只有国外才有卖。

购买方式 1：你喜欢可以找代购帮你买，那么您就可以选择间接理财的方式（如基金理财、保险理财）。

购买方式 2：你喜欢自己去国外买，就可以坐飞机去国外购买，那么您可以选择直接理财的方式（如股票理财）。

笔者也是喜欢直接理财的方式，就是股票理财。主要是因为：①没有中间商赚差价和服务费。②能享受理财的过程。③能否赚钱取决于自己的能力。④想什么时候休息就什么时候休息，卖出股票清仓即可。

第三章　理财的骗局

有句话："你看中的是别人的收益，别人惦记的却是你的本金。"比如一个年化收益率为15%的理财产品，即投资1万元，1年后有11500元。投资者看中的就是1500元的收益，企业惦记的却是投资者1万元的本金。

在互联网的年代，了解常见的理财骗局，才能防范被骗，才能稳中求胜，保住本金。我们首先要学会保住自己的本金，然后在理财中再求跑赢通货膨胀和更高的收益，这样才能够稳中求赚。

本章节的内容会模拟一些骗局方式，通过模拟案例期望用户懂得一些理财骗局的知识，从而保住自己的本金，学会在正规的渠道投资理财，便宜莫贪。

投资时需要多想想，企业投资收益是多少，你投资了企业给你多少收益。比如企业投资有15%的收益，但是企业却给你20%的收益，企业还要倒贴给你5%，你认为这可能吗？

以下案例如有雷同，纯属巧合。

第一节　庞氏骗局

庞氏骗局起源：在19~20世纪有一位生活在意大利，名字叫查尔斯·庞兹（Charles Ponzi）的投机商，1903年移民到美国，1919年他开始策划一个骗局，他虚构了一个项目并向该项目的企业投资，承诺投资者将在3个月内得到40%的利润回报。然而狡猾的查尔斯·庞兹把新投资者的本金作为快速盈利资金，支付给最初的投资者，以诱使更多的人上当投资。由于初期的投资者获得丰厚的回报，查尔斯·庞兹成功地在短短 7 个月内吸引了 30000 名投资者，这场阴谋持续了一年之久，才让被利益冲昏头脑的人们清醒过来，后人称之为"庞氏骗局"。如果查尔斯·庞兹每年都能找到新的投资者投资，那么可能这辈子都没人知道这个恶性循环的骗局。

简单地说，庞氏骗局就是用后面投资者的钱还给前面投资者，也称"拆东墙补西墙"。庞氏骗局有个特点就是资金需要越滚越大，否则后面的投资者资金不够还给前面的投资者。

读书时我们就见识过庞氏骗局的事件，只是金额不大，没有在意。

案例1：

一天中午，A 用户没钱吃午饭了，于是问 B 用户借 20 元吃饭，并答应下个月还 22 元。到了下个月 A 用户没钱还，只好问 C 用户借 50 元，并答应下个月还 55 元。于是 A 用户有 50 元，还给了 B 用户 22 元，还剩下 28元可用了。又到了下个月，A 用户没钱还给 C 用户，只好问 D 用户借 80元，并答应下个月还 88 元。于是 A 用户有 80 元，还给了 C 用户 55 元，还剩下 25 元可用了。以此类推，直到 A 用户后面找不到人借钱了，还不起钱了，那么最后那个投资人的资金就变为空气了。

第一次借款（借 B）。

表 3-1

用户	借到（元）	投资（元）	下月应收到本息（元）	状态
A	20			待还款
B		20	22	待收款

第二次借款（借 C，还 B）。

表 3-2

用户	借到（元）	投资（元）	下月应收到本息（元）	还款上个用户后，剩余金额（元）	状态
B		20	22		已还款
A	50			28	待还款
C		50	55		待收款

第三次借款（借 D，还 C）。

表 3-3

用户	借到（元）	投资（元）	下月应收到本息（元）	还款上个用户后，剩余金额（元）	状态
C		50	55		已还款
A	80			25	待还款
D		80	88		待收款

案例 2：

P2P 的英文是 Person to Person 或 Peer to Peer，指的是个人对个人。现今的小额贷款企业，把个人用户的贷款需求发布到互联网平台上，投资者可以看到该贷款需求投资的过程。标的投资金额满标后，借款人可以获得贷款，投资人可以获得相应的本息收益。

2013~2015 年是 P2P 互联网金融兴起的时间。2016~2018 年是许多投资人被一些不正规的 P2P 企业采用庞氏骗局手段骗取金钱的时间。

P2P 互联网金融企业是怎么骗取投资人的资金呢？

从前有个 P2P 网贷的老板，利用网络平台之便，虚拟借款人的信息，并发布于网贷平台上募集资金。每个借款标的都显示有 12%~36% 的收益，12 期、24 期、36 期的中长期标的。

投资者刚开始也不敢投资这种互联网金融平台，但收益太吸引人了。于是投资者就开始试投资年化收益 36% 的标的 1 万元，结果 1 年后，投资者真的收到 13600 元。次年就开始加大投资到 10 万元，结果 1 年后，投资人真的也收到 136000 元。于是后年又加大投资到 100 万元，结果 1 年后，企业跑路了，投资人 100 万元的本金没有了。

企业虚拟借款人标的，实际根本没有这样的借款人，无法产生收益。所以只有提升收益，才能让更多的投资人投资，用新投资人的资金还给旧投资人。直至没有新投资人进来，那么这样的企业就无法还本息给旧投资人，企业的庞氏骗局模式就会被社会识破。

目前政策也未十分的明确，一直没有银行愿意为网贷企业做真实资金托管，仅仅是资金存管。存管和托管差别是很大的。

所谓资金存管，指的是 P2P 平台在银行或第三方支付机构开立账户，将交易资金、风险准备金、管理费等存放在银行或第三方机构账户里面，银行和第三方机构只保证有记录资金的进出（即提现和充值、投资、划扣、核算等），但银行和第三方机构没有监测的义务，更无法触碰到企业的这笔资金。虽然企业是作为平台中介，提供平台让借款人和投资人促成交易，收取管理费用，但企业还是可以通过银行或第三方机构提现。

所谓资金托管，指的是 P2P 平台在银行或第三方支付机构开立专用账户，资金的进出都通过银行或第三方支付机构的专用账户，P2P 平台对资金没有实质控制权，即企业无法触碰到账户里的资金，企业无法提现借款人和投资人的本息，仅能提现自己的管理费用。可见，银行需要对 P2P 平台的交易金额、借贷还款情况起到监督作用。缺点就是企业可以找一些身份证的信息，虚构为借款人信息，然后提现。

可见，资金存管和资金托管最大的区别就是企业能不能提现用户的本息资金及能否挪用。

即使 P2P 企业使用了资金存管和资金托管功能，也避免不了庞氏骗局的事件发生。从前有个 P2P 网络贷款的老板，平台接通了资金存管和资金托管功能，但老板让员工提供身份证及相关文件充当借款人，发布至 P2P 网络平台借款，结果投资人投资了，放款后资金进入员工的账户里，员工再提现给老板。前面几个月投资人的确收到本息，借款人（即员工）也无须操心还款，因为老板帮借款人偿还本息。后续新进员工越来越少了，可用资金有一定数额后，老板就拿钱跑路了。后续员工由于与投资人签了合同，员工只能自己还本息给投资人了。

这种庞氏骗局方式不同的是老板用后面员工的借款资金，帮前面员工还款给投资者人。骗的是员工的资金，签合同的人是员工。

并不是说所有的 P2P 都是采用庞氏骗局方式运营，目前还是有很多 P2P 企业在认真运营实业的，帮助企业借款人借款，投资人能获取比银行高的收益。

第二节 虚拟系统骗局

以前，网络没有现在如此方便，可以随时随地上网，监管也没有什么要求。有一个老板创立了一个期货公司，组建了一个开发团队，开发一套期货交易系统。投资者用户可以通过该系统充值、提现、投资黄金期货等。网站的后台管理员可以控制黄金期货的价格高低，审核控制用户能否提现。

一年后，系统开发好了，老板准备上线吸金了。上线后，有个投资人充值了 100 万元投资，投资了某个黄金期货，老板决定给他赚 10 万元。后台管理员把投资人买的黄金期货调升价格 10%，让投资人赚 10%。结果投资人赚了 10 万元，并告诉朋友这个平台好，容易赚钱。

于是投资人介绍的朋友也纷纷投资，平台有上亿资金在买卖了。老板决定把这些资金全吸光，把投资人买的黄金期货价格调低，并要求投资人追加保证金，否则只能平仓。

有的投资人追加保证金，有的投资人则平仓。追加保证金的，老板继续吸光，继续调低黄金期货价格，直至上亿资金被全部吸光。

有的投资人只是充值了 100 万元，并没有怎么操作，听说朋友亏光了，就想提现出来。哪有那么容易，管理员控制投资人必须有投资才能提现。结果投资人想买进就立即卖出，但是实际一买进后，管理员立即调低价格，使得投资人必须追加保证金，否则平仓。

结果一套虚拟的系统，使老板吸了上亿资金。到目前为止，还是有很多虚拟交易平台，如虚拟矿机、虚拟货币、虚拟配资股票系统等虚拟交易的平台。这些虚拟平台很多涨跌都是人为操作，骗取投资人本金。

如何防范虚拟系统骗局？

（1）不在不熟悉的平台投资，要在正规的大平台操作。

（2）不贪小便宜，就不会因小失大。

（3）手机短信收到的验证码，不随便给任何人。最好有两个手机号码，1个手机号码用于接收银行的短信内容，1个手机号码用于互联网上注册账号。

（4）手机软件绑定的银行卡，不放大额度的现金。

（5）进入网站 www.miibeian.gov.cn 查询备案信息。

（6）进入所在地的工商局网站查询经营范围。很多企业都是咨询公司，是不允许经营金融交易类的。

（7）进入所在地的法院网站，查询企业是否被执行。

第三节　虚假官方网站

虚假官方网站指的是骗局个人和团体复制知名正规网站的设计风格和界面，让投资者用户感觉是官方网站，用户登录网站后，如果投资者在虚假网站上输入账号和密码，那么虚假的网站就知道个人在官方网站的账号和密码。

案例：

官方网站是 www.rysos.com，用户进入网站的界面图。

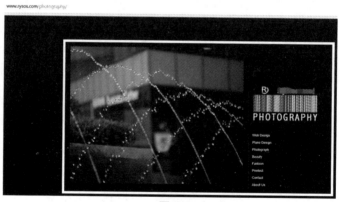

图 3-1

骗局集团复制其官方网站设计风格，由于域名是唯一的，骗局集团只能注册一个相似的网站域名，并复制官方网站的布局和界面设计风格。

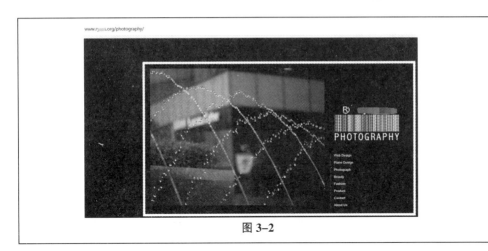

图 3-2

　　官方网站与骗局集团复制的网站，可见网站的地址是不一致的。上述案例中的官方网站是.com 的域名，骗局集团是.org 的域名。所以，我们登录网站时，一定需要多多注意网站的域名。尤其是金融类的网站，用户一经登录，输入账号和密码就会被骗子的网站获取，从而用户可能失去大额的资金。

　　避免骗局的方法：

　　（1）多观察网站域名，查看是否官方网站。

　　（2）不同的网站，用户的账号和密码建议使用不同的密码，定期更改密码。

　　（3）定期使用杀毒软件扫描电脑。

第四节　虚假私募基金

　　私募基金是指以非公开方式向特定投资者募集资金并以证券为投资对象的证券投资基金。私募基金是以大众传播以外的手段招募，发起人集合非公众性多元主体的资金设立投资基金，进行证券投资。

　　私募基金是否诈骗和非法集资，尤其看是否向非特定投资者宣传发售，是否承诺保本保息，集资而来的资金是否用于证券投资。

　　目前常见的私募基金有三种形式：合伙制、公司制、信托制。

一、合伙制

目前较多的私募基金通常采用合伙制方式，因为税收相对较低。

有限合伙企业通常由普通合伙企业和有限合伙企业组成。普通合伙人对合伙企业债务承担无限连带责任，有限合伙人以其认缴的出资额为限对合伙企业债务承担责任。

合伙制模式中，资产管理机构设立投资顾问公司，从事直接投资的资产管理业务。投资顾问公司以普通合伙人身份发起设立有限合伙企业（基金公司），承担无限责任，基金的其他普通投资人担任有限合伙人，承担有限责任。

在一般合伙制企业中，所有的合伙人同意提供一定比例的工作和资金，并且分享相应的利润或亏损。每一个合伙人承担合伙制企业中的相应债务。合伙制协议可以是口头协议，也可以是正式文字协议。

有限合伙制允许某些合伙人的责任仅限于每人在合伙制企业的出资额。有限合伙制通常要求：①至少有一人是一般合伙人；②有限合伙人不参与企业管理。

合伙制模式的优点：

（1）合伙制企业按照相关法律无该企业层次的所得纳税义务。

（2）合伙企业合伙人是自然人的，缴纳个人所得税；合伙人是法人和其他组织的，缴纳企业所得税。

合伙制模式的缺点：

（1）《合伙企业法》颁布实施初期，企业注册合伙制企业的时候经常遇上相关审查障碍。2018年，国家很多内容都已经互联网化，注册流程已经优化了该缺点。

（2）合伙人的诚信问题无法得以保障。我国目前并没有建立自然人的破产制度，逃废债务的情况非常普遍，所说的承担无限责任，在实践中根本无法落实。所以，普通合伙人侵害投资者利益的潜在问题还未能完全解决。

二、公司制

公司制私募基金是股份投资公司的一种形式，公司由具有共同投资目标的股东组成，并设有最高权力机关股东大会、执行机关董事会和监督机关监事会。通过对这三大机关进行相应的权力配置和制衡，使公司尽最大努力为股东的利益服务。投资者通过购买公司的基金份额，就可成为公司的股东，并享有《公司法》所规定的参与管理权、决策权、收益分配权及剩余资产的分配权等。

公司制模式中，资产管理机构（或团队）直接或间接参与设立主营业务为投资的有限责任公司或股份有限公司，或资产管理机构不作为股东参与，仅直接或以子公司方式承接管理委托。

公司制模式的优点：

（1）模式清晰易懂。

（2）在别无选择的情况下，市场主体委曲求全，成为一种常见的基金形式。

（3）《公司法》立法早，公司形式最易为各种参与主体所接受。

（4）公司制私募基金有利于聚集社会广大的闲置资金，机构可以进行规模化投资运作，便于股票控盘和投资实业。

公司制模式的缺点：

（1）资本金缴付的僵化安排（按公司章程计划缴付，或经常修改公司章程）。

（2）先退出项目的本金返还投资人需要按减资操作。

（3）投资公司是独立纳税主体，具有所得税纳税义务，纳税额较高（25%）。因为公司制私募基金需要双重纳税，即公司需要缴纳各种企业所得税，投资者分红也需要缴纳个人所得税。

（4）纳税额较高从而限制了股份投资公司的规模。

三、信托制

（一）什么是 PE 投资

PE 投资的英文全称是 Private Equity，简称 PE。翻译为中文是私募股权投资的意思。是指投资于非上市公司股权，或者上市公司非公开交易股权的一种投资方式。

私募股权投资的资金来源：面向有风险辨识能力的自然人或承受能力的机构投资者以非公开发行方式募集资金。募集的资金常用于开发新产品或研究新科技、增加公司周转资金、进行收购或强化公司的资产负债表。

（二）什么是信托制模式

信托制是由信托公司集合多个信托投资客户的资金而形成的基金（信托计划），直接投资或者委托其他机构进行 PE 投资。

信托制：

信托公司开展 PE 业务，完全可以在现有的信托法律法规的基础上进行，不必再寻求其他的立法支持。而中国的《产业基金法》以及有关私募股权投资的法律制度不完善，也给信托公司带来参与 PE 的机遇。

信托制模式的优点：

（1）由于信托财产独立性的制度特征，以信托产品投资持有信托投资形成的股权，具备信托制度赋予的破产隔离特性，使得被投资的股权不会因为信托公司以及委托人、受益人的债权人的原因被追偿。

（2）在目前的制度架构之下，信托产品是一种标准的金融产品，不但信托财产的保管职业能由银行专司，而且信托公司的受托管理活动也必须严格依照法律和法规的规定，由银监会监督管理。所以信托制推出的 PE 信托产品，市场诚信度高、可靠性高、规范性强。

（3）通过信托渠道筹集资金可以有效地放大 PE 业务资金额度，有利于迅速集中 PE 业务投资所需要的大量资金。信托公司作为营业性的信托机构，其存在的根本价值在于能够将广泛的社会资金，通过特定的规则（信托制度）和载体（具体信托业务形态）转化为社会发展和经济建设所需的投资资本。

（4）信托制产品投资并持有的股权可以避免投资人的双重缴税问题，与公司制的股权投资对比，可见信托制具有很大的优势。从国际惯例来看，信托投资是无须承担重复缴税的。

信托制模式的缺点：

（1）信托资金通常是一次性募集，但是 PE 业务运作时需要根据每个具体项目投资进行资金的分阶段投入，所以信托募集资金可能出现暂时闲置现象。

（2）信托公司进军 PE 业务领域的时间不长，在这方面所积累的经验、项目资源、人才储备都比较少。

四、私募基金的风险

第一，信息不透明的风险。由于私募基金没有严格的信息披露要求，因此信息不透明是最大的私募基金风险，凡是涉及投资运作及管理的过程，例如投资方案、资金转移及项目跟踪管理等过程，都存在信息披露不充分的很大可能。

第二，投资者抗风险能力较低。很多投资者之所以参与私募基金投资，都是看重了私募基金的高预期年化收益，但高预期年化收益的背后也对应着高风险，很多投资者并没有相应的抗风险能力，所以投资需重点关注此类私募基金风险。

第三，基金管理人导致的私募基金风险。由于缺乏严格的行业准入标准，基金经理内的管理能力、行业地位及市场认同度等都存在着明显的差异，同样的市场环境，一部分基金经理能够凭借精准的投资为投资者带来预期年化收益，而一部分基金经理则可能造成投资者的亏损。

第四，较高的道德风险。基金项目一般是以合伙形式成立的，但受到专业、地理及时间等因素的限制，投资者并不能有效地对项目进行监督与管理，所以道德风险也是投资者经常会遇到的私募基金风险。

第五，项目融资缺乏专业度。项目融资一般需要很高的实务经验及专业能力等，但一些私募基金经理或管理团队能力不足，无法有效地监控、管理项目融资。

第六，非法吸收公众存款的风险。部分私募基金会通过故意夸大预期年化收益、隐瞒项目等来吸引投资者参与投资，而这些私募有很大可能是在非法吸引公众存款。

私募基金并不是普通的基金，具有一定的风险。为什么许多公募基金的基金经理做几年后，会出来做私募基金呢？

从公募到私募，普通的投资者会理解为从大公司转到小公司。基金经理在公募基金经常被老板低估或高估能力水平。低估表现在老板认为该基金经理只适合投资汽车板块的股票，但基金经理转为私募基金经理后，投资其他板块（如房地产）的股票年化收益是以前投资汽车板块的 2 倍。高估表现在老板认为该基金经理适合投资汽车板块的股票，因为基金经理在牛市中投资汽车板块赚了 50%，老板加大资金让基金经理投资汽车板块，后来熊市来了，基金经理投资的汽车板块跌了 90%。

按常理来说，公募基金的基金经理薪资比私募基金的基金经理薪资低、承担的风险低。

私募基金经理的薪资：

假设某资产管理的企业私募基金经理管理 10 亿元，基金经理投资的年化收益为 50%，公司给基金经理的提成为收益的 20%，那么资产管理公司的收入为 10 亿元×50% = 5 亿元，基金经理的年收入为 5 亿元×20% = 1 亿元。可见，私募基金经理的收入与市场行情、分析投资水平挂钩。

公募基金经理的薪资：

假设公募基金经理管理 10 亿元，基金每年管理费用为 1.5%，该基金的部门有 1500 万元，某基金经理如果可以取 10%，那么该基金经理就是 150 万元年薪了。

可见，公募基金和私募基金的基金经理薪酬的计算方式有所不同，公募基金通常按规模越大基金经理年薪越多，私募通常按真正操盘水平获得年薪。

作为投资者的我们应该如何选择呢？购买私募基金，还是公募基金。

五、虚假私募基金案例

一个资本管理有限公司成立了，高价租了一个 2000 平方米的 CBD 写字楼，公司从正规基金公司抄袭了一个基金名称，在自己的网站平台上虚构了这个基金名称"××基金一号"，主要以收取会员入会费、发展会员返利为目的。这样入会前，投资者去网络查询"××基金一号"，就是一只正规基金，能忽悠投资者购买。

投资者入会，需要缴纳 1 万元入会费。入会后介绍成员购买"××基金一号"，购买成功后，会员可以获得购买金额的 10% 作为介绍费，其会员上级也可以获得会员介绍费的 10%。

例如，会员 C 购买 10 万元"××基金一号"。介绍人会员 B 可以获得 10% 介绍费，即获得 1 万元介绍费。会员 B 的上级会员 A 可以获得 1000 元介绍费。

员工就会忽悠投资者说，你缴纳 1 万元入会费，再找个会员购买 10 万元基金，你就相当于免费入会了。后面你再找个会员购买 10 万元基金，你就相当于赚到 1 万元了。

而且购买公司的基金，基金可能也会赚到钱，那么你介绍的会员赚钱了，你也得到介绍费，这样可以双赢啊。

两年后，该资本管理有限公司已经有 3 万会员。粗略地计算，3 万会员每人交 1 万元会员费，入会费就高达 3 亿元。3 万人都购买了 10 万元的基金，基金投资就高达 30 亿元。除去介绍费等，基金投资额余下 26.7 亿元。即已经骗取了 29.7 亿元。

老板见两年已经骗取 29.7 亿元，差不多了，可以收网了。于是公司很快人去楼空，老板、高管和公司所有的员工都失联了，电话和联系方式均联系不上。

虚假私募基金的特点：

（1）精通忽悠技术。

（2）高大上的办公室。

（3）私募基金准入门槛较高，最低为 100 万元。但是虚假私募基金能骗多少就多少，少于 100 万元也让你入门槛。

（4）操盘手盈利水平低下。两极分化，要么是盈利厉害的操盘手，要么是盈利水平低的操盘手。

避免骗局的方法：

（1）不盲目从自己的口袋取出资金投资，先观察一段时间。

（2）不为企业发展下线会员。

（3）不贪小便宜。

（4）查清楚投资基金的渠道是否合规，摸清底细，只有在基金业协会依法登记的私募基金管理人，才能向合格投资者募集资金。

第五节　传销骗局

传销是指组织者发展人员，通过对被发展人员以其直接或者间接发展的人员数量或者业绩为依据计算和支付报酬，或者要求被发展人员以交纳一定费用为条件取得加入资格等方式获得资金的违法行为。

1998年4月21日，中国政府宣布全面禁止传销，并出台了《关于禁止传销经营活动的通知》，全国公安机关坚持对传销违法犯罪活动"零容忍"态度，继续以重点案件、重点领域、重点地区为抓手，紧盯传销犯罪新手法、新动向、新趋势，持续不断对传销违法犯罪活动开展严厉打击。

传销与直销的实质区别：

直销是属于商业活动，属于营业范畴。

传销是诈骗，各级人员拥有层次概念，分成层层递增。

案例：

张某、李某、陈某成立了一个公司，在招聘网上高薪发布了一些职位。谢某在招聘网上查询到相应的职位，便投了简历，很快陈某通知谢某前来面试。2天后谢某前来面试，张某、李某、陈某迅速将谢某控制起来，没收了谢某的手机等通信工具，并让谢某缴纳会员费1000元和发展下线。

张某、李某、陈某每天都给谢某灌输传销知识，日积月累，谢某已经被这些知识洗脑，无法分辨对与错，也无法寻求外界帮助。谢某也被迫拉会员，几天后谢某也找到一个前来面试的朱某，朱某也被张某、李某、陈某、谢某控制下来，并没收手机。

后来，张某、李某、陈某便把这个任务交给谢某、朱某。很快谢某、朱某也成了骨干，共同拉了25个面试的人入会。

由于参与者达到30人以上才会被认定为是传销行为，张某、李某、陈某很聪明，就继续成立另一个新公司，就这样张某、李某、陈某把每个公司稳定在28人左右。到达一定人数，就成立另一个新公司。

不知不觉，张某、李某、陈某已经有 10 家公司，280 人左右了。意识到，拉人头赚不了多少钱，于是改变为金融公司，帮助用户理财。280 人就去拉理财客户，第一个月拉了 2800 万元的理财资金，28 万元返回给理财用户，300 万元给 280 人的传销人员。第二个月拉了 5600 万元的理财资金，56 万元返回给理财用户，600 万元给 280 人的传销人员。第三个月拉了 1 亿元的理财资金，100 万元返回给理财用户，1000 万元给 280 人的传销人员。

后来，传销人员层层递增的提成，最开始控制的谢某和朱某也成百万富翁了。但是 280 个传销人员拉进来投资的用户其全部本金都没了，都被传销式的理财投资公司骗光了。

避免骗局的方法：

（1）投资正规渠道的理财产品。

（2）骗子看中你的本金，投资者看中企业的年化收益。

（3）到工商局网站查询该企业的经营范围，再去搜索引擎网站查询相关信息。

第六节 买入通知骗局

买入通知骗局，指的是个人或机构投资者买入股票后，通知其他非专业投资者，专业水平较低的投资者可能会跟进买入。10 万个非专业投资者，有 2 万人跟进买入，每人买入 1 万元，也有 2 亿元资金流入股票，那么一只小盘股可能就会急速拉升。急速拉升后，个人或机构就会把底仓出货卖出的行为，称为买入通知骗局。

案例：

××投资公司，自有资金有 1 亿元，通过 1 个月的时间建仓，将 9500 万元已经成功买入××股票，成本价 5 元，当前股价 5.5 元。公司想获利

20%~30%出货，于是用剩下的 500 万元再次买入××股票，并截图通知各个投资者，在各个网站和即时通信工具上发布此信息。

很快有 100 万的浏览量，一周后，预计已经有 5 万个投资者跟单买进，平均每人买入 5 万元，即 25 亿元资金流入，使得该股没有利好新闻的前提下，连续涨停 2 天。这时××投资公司的底仓 9500 万赚了 30% 以上的收益，利润有 3000 万元左右，立即把手上原先底仓本金 9500 万元和利润 3000 万元的股票卖出。

××公司的较大一笔本金和利润出货完毕后，股票价格可能大跌收盘，那么一些非专业水平的投资者就有所抱怨。这时，××公司将另一笔 500 万元资金也亏本的信息发出来，证明自己也亏本，平息大部分抱怨的投资者。

事实证明，就算××公司 500 万元全亏本了，也赚了至少 2500 万元。

如何避免买入通知骗局呢？

（1）我们需要学习证券的基础知识和交易知识，学会阅读新闻和分析股票新闻的信息。

（2）不轻信网络上的买入通知信息，否则自己的资金就变成了接盘侠，早晚也会亏光。

（3）遇上实时发截图给你，要你跟进买入股票，又要缴纳会员费的，坚决远离。赚了你做接盘侠的资金都不够，还要收你的会员费，相当于投资者要亏本 2 次了。

第七节　借用账号

请勿借任何账号给别人。借用你的账号，别人可能用于操纵股票价格或内幕交易。

内幕交易定义：内幕信息、知情人员的范围、依照法律、行政法规的规定确定。证券交易所、期货交易所、证券公司、期货经纪公司、基金管理公司、商业银行、保险公司等金融机构的从业人员以及有关监管部门或者行业协会的工作人员，利用职务便利获取内幕信息以外的其他未公开的信息，违反规定，从事与该信息相关的证券、期货交易活动，或者明示、暗示他人从事相关交易活动。

内幕交易处罚（第180条）：证券、期货交易内幕信息的知情人员或者非法获取证券、期货交易内幕信息的人员，在涉及证券的发行，证券、期货交易或者其他对证券、期货交易价格有重大影响的信息尚未公开前，买入或者卖出该证券，或者从事与该内幕信息有关的期货交易，或者泄露该信息，情节严重的，处五年以下有期徒刑或者拘役，并处或者单处违法所得一倍以上五倍以下罚金；情节特别严重的，处五年以上十年以下有期徒刑，并处违法所得一倍以上五倍以下罚金。

案例：

李某是某证券公司高管，不能买卖股票的，他知道许多上市公司尚未公开，且有重大影响的信息。一天，李某看到一份××上市公司重组的文件，觉得可以涨200%。于是就借好朋友张某的股票账号，并答应给张某10万元。李某使用张某的股票账号，买入××上市公司的股票，2周后该股票真的公布了重组的信息，停板2个月后，股票直涨，李某买入的100万元变成了300万元。

如果借用账号从事内幕交易，没有专人负责，那么李某和张某就可能避免了内幕交易法规，从中获利。

第八节　利润分成合作骗局

利润分成，也叫作利润提成，是指个人或企业帮助客户实现了利润，可以是帮助客户投资、帮助客户销售商品等获得的利润。所获得的利润，客户在盈利的那部分资产上，按一定比例分归给个人或企业。

案例 1：

从前有个人李某。他找了 1000 个投资客户，这 1000 个客户愿意把利润盈利分成给李某，并且以月结的方式结算。

李某就将第 1 个客户的资金投资股票 000001，第 2 个客户的资金投资股票 000002，第 3 个客户的资金投资股票 000003，以此类推，第 1000 个客户的资金投资股票 001000。

一个月后，有 300 个客户的账户是赚钱的，700 个客户的账户是亏损的。结果李某收到了 300 个客户的利润分成，分成金额已经有 100 万元。

然后李某安慰 700 个亏损的客户，这个月亏损了，下个月一定会赚回来的，请耐心等待。你亏损了，我也亏损，而且我还花了时间去分析，赚不到你们的分成啊，市场不是很景气。

然而次月，那 700 个亏损的客户，竟然又有 300 个客户盈利了。李某又可以分成了，分成金额又有 100 万元了。

这样周而复始，李某只要找到客户，股票市场不是太差，李某月度收入基本有 100 万元以上。

案例 2：

从前有个人张某。他找了 1000 个投资客户，这 1000 个客户愿意把利润盈利分成给张某，并且以月结的方式结算。

张某有 500 万元，用 400 万元投资股票 000001，还有 100 万元暂时未买入。张某准备用剩下的 100 万元投资股票 000001，买入前张某通知 1000 个客户，他准备买入 000001。结果 1000 个客户知道消息后，纷纷买入 000001，资金流入总量达 1 亿元。使得股价涨了 9%。然后张某在股价已涨 9% 时，买入 100 万元，最后股价涨停了，已经涨了 10%。

第二天该股继续涨停了，张某卖出手上的 500 万元，400 万元赚了 20% 变成了 480 万元，100 万元赚了 11% 变成了 111 万元，合计到手有 591 万元。

1000 个客户的 1 亿元资产变为 1.2 亿元。利润 2000 万元的分成 20%，张某获得了 400 万元的分成。

一个月下来，可见，分成的资金加上张某自己购买的利润已经有 491 万元。

第九节 老鼠仓

老鼠仓是一种营私舞弊、损公利私的腐败行为。通常是指金融机构在用公有资金拉升股价之前，先用自己个人的资金在股票价格低价位买入，再用公有资金买入股票，拉升该股票价格到高位后，个人买入的股票先卖出获得利益，公有资金后卖出获得利益。这种行为称为"老鼠仓"。

案例：

从前有个基金经理，前两年工作很守规则，后来工作熟悉了，也看到了基金公司运营的漏洞。

于是基金经理找到好朋友，需要好朋友开个股票账户供他使用。基金经理出资 300 万元，好朋友出资 700 万元，所得收益平分。最后好朋友很快就把账户给到基金经理操作。

由于基金经理经常操作几百亿元的基金，在 A 股行情良好的情况下，很容易控制中小盘股票。一天，基金经理收到上级指示，需要下午买入某个股票 1 亿元。于是基金经理上午就带着手机在洗手间里使用好朋友的账户买入 1000 万元，分了 100 笔买入单，每笔 10 万元左右。这样防止被别人查询到是一个人买入的。

下午，基金经理使用基金公司的资金买入该股票 1 亿元，很快该股票被拉到涨停了。好朋友的账户 1000 万元变为 1100 万元了。

一周后，该股票已经涨了 50% 了。好朋友的账户赚了 50%，基金公司的账户赚了 35%。上级指示基金经理差不多了，一周内卖光所有股票。于是基金经理又上洗手间，使用好朋友账户卖掉价值 1500 万元的股票，分了 150 笔卖单，每单 10 万元左右。从洗手间出来后，再使用基金公司的账户卖出。

就这样在基金公司买入前，先使用好朋友账户买入；在基金公司卖出前，再使用好朋友账户卖出。从而基金经理和好朋友都各自获得 250 万元收益，这就是"老鼠仓"。

第十节　总结

恭喜您，通过本章的学习，已经有一定的防范风险、保住本金不被骗的能力。理财要理性地赚钱，赚钱的首要目的是保住本金。正如俗语所说，"留得青山在，不怕没柴烧"。只要本金在，就有机会赚到买柠檬茶的钱。

第四章　你想怎么理财

现在已经是 21 世纪了，科技越来越发达，技术越来越先进。人们每天工作朝九晚六，甚至天天加班，所以很多人赚到了钱，但没有多少时间理财投资，有闲钱也是放在银行。现在去超市，人们都是使用手机自己对着商品扫条码，然后支付。许多售货员，已经被智能系统和机器代替了，企业已经不再需要这么多基础员工了。

如果我们还不会自己理财，未来简单的工作又不可能找到，那么我们将会是一个无收入的人员，随时面临生存问题。尽量让闲置资金帮助你赚更多资金，你需要去学习和研究新的知识。你不是老板，不是股东，不是机构投资者，一个普通的打工者最高年薪也就 100 万元左右。如果你祖辈，留给你 1000 万元，你学会理财，投资的年化收益率有 10%，那么你的年薪就有 100 万元。什么都不懂，也没问题，可以先存银行做定期和活期，或在银行里购买国债，应该也有年化收益率 4% 左右，相当于你有年薪 40 万元。

经研究证明，赚第一个 100 万元需要 10 年，从 100 万~1000 万元只需 5 年，从 1000 万~1 亿元仅需 3 年。

第一个 100 万元通常来源于工资，10 年间学习做人和做事的道理。

从 100 万~1000 万元通常来源于创业做实业，5 年间学习管理公司的人员和拓展业务、积累商业的人脉。

从 1000 万~1 亿元通常来源于投资和理财、资本运营、资产管理，3 年间学习钱生钱的道理。别人 1 亿元只能赚 1000 万元，你能用 1 亿元赚 5000 万元。

如果祖辈什么都没有留给你，那么万事开头难，只能靠打工和学习赚取第一桶金，再去投资理财。

第一节　让别人帮你理财

如果你想让别人帮你理财，那么可以选择基金理财、债券理财、银行理财。让别人帮你理财是要找到对的操作人，而不是找到对的理财产品。为何这么说呢？因为基金管理人是帮助你投资股票的，他的操作能力决定你能赚多少收益、赚多少钱。能力越高，收费可能也会比其他基金高。当基金管理人离职了，那么意味着理财产品的操作人变更了，那么该基金产品的收益可能也会变。

什么是操作能力呢？操作能力并不是说基金管理人不能亏，而是股票大盘跌 30% 的时候，你购买的基金跌 10% 或者不跌，甚至还能赚钱的叫作高手。股票大盘涨 30% 的时候，你购买的基金涨 40% 或者更高，甚至能赚 100% 或以上的叫作高手。你要懂得，不能帮你赚钱的基金，就算不收你任何费用，那又有什么用呢？就像企业用人一样，你不能帮助企业赚钱，企业就不会给你高薪。你只能帮助企业赚小钱，企业就给你一点薪水。现在有些企业的 CEO 帮助企业每年赚取利润几十亿元，年薪有一两亿元。也有一些企业的 CEO 帮助企业每年赚取利润几百万元，年薪有几十万元。特殊一点的也有，一些企业的 CEO 帮助不了企业赚利润，年年亏本，年薪上百万元。

作为投资者，企业 CEO 不能帮助企业赚利润还年薪上百万，投资者就会天天骂这个企业的 CEO。同理，基金管理人帮助不了投资者赚利润，还收各种费用，投资者也会天天骂这个基金管理人。可骂有什么用呢？投资者还不如多花时间研究一下哪位基金管理人厉害，找到厉害的基金管理人。

基金的类型有货币型、股票型、混合型、债券型、指数型、QDII、认购期。其中，股票型和指数型的风险高，收益也高。怎么找到比较好的基金呢？

（1）查看日涨跌、近 7 日、近 1 月、近 1 年、成立以来的涨跌情况。从图 4-1 可见，近 7 日跌得多的，成立以来始终还是跌得多。

类型	单位净值	日涨跌	近7日 ↓	近1月 ↓	近1年 ↓	成立以来 ↑
股票型	0.661 10-16	-1.49%	-7.16%	-6.51%	-23.14%	-33.90%
股票型	0.768 10-16	-1.79%	-4.48%	-4.00%	-13.90%	-23.20%
股票型	0.798 10-16	-2.09%	-4.20%	-6.99%	-22.22%	-20.20%
股票型	0.8203 10-16	-0.70%	-5.40%	-5.20%	-17.97%	-17.97%
股票型	0.8239 10-16	-0.70%	-5.39%	-5.14%	-17.61%	-17.61%
股票型	0.8890 10-16	-1.05%	-5.83%	-6.71%	-11.10%	-11.10%
股票型	0.8913 10-16	-1.04%	-5.81%	-6.64%	-10.87%	-10.87%
股票型	0.939 10-16	-2.09%	-6.29%	-5.44%	-16.76%	-6.10%
股票型	0.767 10-16	-1.67%	-4.48%	-4.01%	-14.21%	5.79%

图 4-1

（2）查看基金经理人的信息内容。去各大搜索引擎查询，他操作的基金是否比上证指数、深证指数涨的时候涨得多，跌的时候跌得少。例如：查询上证指数一个季度涨 5%，上一个季度他操作的基金涨 10%，那么其操作还算可以。

（3）查看上季度的基金投资前十名股票明细信息内容。例如：查看每一只个股的上季度涨跌情况，是否有利空消息。如某只股票出现重大利空消息，基金经理下季度仍然持有该股，那么你投资的资金就可能会暴涨暴跌。

股票代码	股票名称	市值（元）	净值比例（%）
603337	杰克股份	83,890,827.67	7.43
600048	保利地产	59,437,180.00	5.26
002410	广联达	51,460,363.45	4.56
002258	利尔化学	48,144,893.28	4.26
600309	万华化学	47,539,433.46	4.21
600900	长江电力	44,806,931.88	3.97
000651	格力电器	42,015,365.00	3.72
600585	海螺水泥	40,199,569.92	3.56
002120	韵达股份	39,455,407.00	3.49
300529	健帆生物	38,753,130.83	3.43

图 4-2

总而言之，让别人帮你理财，就只能看别人做人了，祝好运！

第二节　自己理财

如果你想自己帮自己理财，资金不是紧急用途，能承受亏本 50% 以上的风险，那么可以选择股票投资。

业务知识和规则需要自己学习《金融市场基础知识》《证券市场基本法律法规》《深圳证券交易所股票上市规则（2018 年修订)》。

自己理财，你可以掌握买卖的过程，享受其中的乐趣，命运掌握在自己的手中。在买进股票后，该股票帮你赚钱了，你心中就会有一种喜悦的感觉。在你亏本卖出股票后，该股票就大涨，你心中会有伤心的感觉。买买卖卖、赚赚亏亏的过程，如果你觉得累了，那么自己投资的方式是不适合你的。如果你觉得越来越有激情和动力，然后不断地研究规则和规律，懂得止损和止盈，那么就应该可以赚点买菜钱了。

"随波逐流"的意思是随着波浪起伏，跟着流水漂荡。比喻没有坚定的立场，缺乏判断是非的能力，只能追随着别人走。显然，自己理财的第一个条件是需要自己有坚定的立场、准确的判断能力，不追随股坛明星买卖股票。

许多人认为炒股票的人和相关企业的工作时间是上午 9：30 至下午 15：00，一到 15：00 就下班了，包括笔者本人刚开始也是这样认为的。经过一段时间买卖股票后，发现 A 股与国际黄金、期货、外汇、全球股市都有一定的关联关系，炒股票的个人或机构，A 股收盘后，他们都会去查看国际黄金、期货、外汇、全球股市的行情和新闻，然后需要记录和撰写相关的报告。由于各个国家有时间差，这样一天下来，专职股民和机构可能半夜都需要起床查看下行情。显然，自己理财的第二个条件不需要理会外界人对你的看法，你是专业的，炒股票赚到钱是你自己的。

曾经有个朋友小张，小张的工作量是同事的 2 倍，工资与同事一样，小张从不抱怨，他每天上班都很认真努力地工作，所以每天的工作能很快做完，按理来说是一个不错的员工。相反，他的同事小明每天上班都不干活，就看看书报。但小明非常了解老板的习性，懂得老板什么时候回公司，什么时候出去。所以在老板出去时，什么都不做，等老板回公司就开始认真工作。每天下班 6：00 后，老板回来时，看见小张都不在座位上工作，相反，小明加班工作，老板对小明印象很深，非常看好小明。后来，老板也将小明的工作再分一半给小张做，即小张需要做 2.5 倍的事，小明只需做 0.5 倍的事情。如果把某只股票看作工作量，个人投资者看作小明，机构投资者看作老板。显然，自己理财的第三个条件除了完成研究某股票和新闻内容的工作量外，还需要研究个人投资者和机构投资者的资金动向，需要多方面的思考问题，才能在股票博弈中赚得收益。

人类进化起源于森林古猿，经历了猿人类、原始人类、智人类、现代人类四个阶段。每一个阶段都进化了，因为人学懂了用物件和用智慧。显然，自己理财的第四个条件用智慧和用物件，尤其用计算机软件分析。

现代人类，每个人都存在着利益关系。小希去银行 ATM 机存款 1000 元，结果 ATM 机故障，把小希的 1000 元吞没了，小希打电话去银行客服说明情况，结果被告知明天上班才能处理。但小希明天早上就要坐飞机离开这个城市了，小希再打电话去银行，跟客服说："ATM 机多吐了 5000 元。"客服说："您好！请稍等，我行立刻派人过来处理。"因为 ATM 机真的多吐钱了，客服如果没有通知相关人员去维修，那么就需要扣客服的绩效和工资，可见涉及客服的利益关系。显然，自己理财的第四个条件要懂得利益关系，尤其个人投资者和机构投资者的利益，他们为何要拉升股票，为何新闻媒体要唱好某只股票，肯定涉及多方利益关系，需要弄清相关人员的利益关系。弄清楚后，买卖股票必定能够赚点买菜钱！

自己理财，你要反复想一个问题，为什么要把你自己的资金让所谓专业人员帮你理财？别人能赚到你要的收益，而你不能赚到。大家都是人，都有眼耳口鼻，一个脑袋。

2018 年 9 月的台风"山竹"过后，去菜市场买菜，会发现菜也涨价了！再不自己理财，可能连菜都快买不起了。

第三节 总结

　　理财最好是自己帮自己理财，但需要自己学习和研究。如果自己不想学习和研究，那么就可以找厉害的理财专家帮你理财，这时就需要看专家历年的收益水平，以判断你将本金交给理财专家后能否盈利。通常，专家盈利水平越高，服务费越高，但专家也有亏损的时候。

PART 2

投资股票实践篇

第五章 证券开户

理财的理论知识学习都差不多，那么最好的学习理财的方法必须从实盘开始。学习股票 A 股买卖，第一步就是证券开户，开户了就可以实盘买卖股票。

第一节 挑选证券公司开户

常见的证券公司有：中信证券、华泰证券、国泰君安、东兴证券、招商证券、广东证券、国盛金控、财通证券、光大证券、华西证券、东方证券、浙商证券、海通证券、国信证券、中国银河、国元证券、国金证券、第一创业、西部证券、山西证券、东吴证券、东北证券、南京证券、华安证券、长江证券、申万宏源、西南证券、国海证券、太平洋证券、平安证券、广发证券、申银万国、国联证券、中泰证券。

目前已经在 A 股上市的证券公司有：中信证券、华泰证券、国泰君安、东兴证券、招商证券、广东证券、国盛金控、财通证券、光大证券、华西证券、东方证券、浙商证券、海通证券、国信证券、中国银河、国元证券、国金证券、第一创业、西部证券、山西证券、东吴证券、东北证券、南京证券、华安证券、长江证券、申万宏源、西南证券、国海证券、太平洋证券。

挑选证券公司开户的目的：挑选证券公司开户，即投资者拥有选择权。可以选择使用哪家证券公司的电脑 PC 端和移动手机 APP 端软件，选择哪家证券公司的经纪服务，选择较低佣金的证券公司，选择较大较多营业网点的证券公司等。

中国证券登记结算有限公司将一个投资者开立证券账户数量上限,从 20 户调整为 3 户,新规自 2016 年 10 月 15 日起实施,即投资者可以在 3 家不同的证券公司各开 1 个户。这样投资者使用某个证券公司的软件不习惯,就可以试试其他证券公司的软件。

第二节　开户流程

一、开户前准备

(1)身份证:本人的第二代身份证,身份证号码通常为 18 位,必须年满 18 岁。

(2)手机号码:请使用本人的手机号码,用于验证码的接收和证券服务。手机号码通常为 11 位。

(3)银行卡:本人的银行卡,用于身份验证和绑定第三方存管。

(4)WiFi 网络:由于需上传图形图像和视频的内容,流量会较大,使用 WiFi 可以更快上传资料。

(5)外部设置:确保手机或电脑的摄像头、麦克风、耳机可用。

(6)开户时间:每家证券开户的时间都不同,建议在工作日的 9:30~15:00 开户。

常见支持第三方存管的银行包括:平安银行、中国工商银行、中国银行、中国民生银行、中国光大银行、中信银行、华夏银行、南京银行、招商银行、中国农业银行、上海银行、兴业银行、中国建设银行、浦发银行、招商银行。

具体支持的银行卡,请以开户的证券公司为准。

二、开户过程

本流程均适合各证券公司的手机端和电脑端,每家证券公司的界面均不同,可能有轻微的不同。

(1)进入××证券公司的官方网站,可见界面"我要开户"—"立即开户"的按钮。

图 5-1

（2）单击"立即开户"按钮后，显示手机验证的界面图。用户需要输入手机号码和验证码。

图 5-2

（3）单击"立即验证"按钮后，显示身份验证的界面图。用户需要上传身份证和手持身份证合照的图片文件。

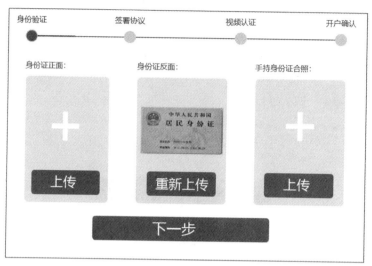

图 5-3

（4）单击"下一步"按钮后，显示签署协议的界面图。用户需要勾选开通的账户和协议文本。

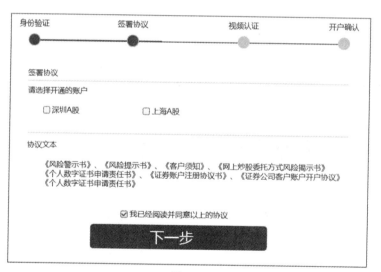

图 5-4

（5）单击"下一步"按钮后，显示设置证券交易密码的界面图。

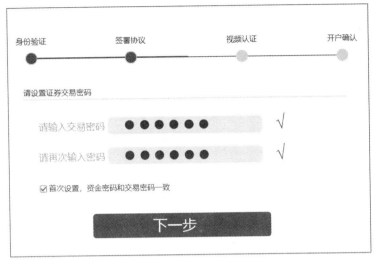

图 5-5

说明："资金密码"通常指的是使用"银证转账"功能时，从证券转到银行（或者从银行转到证券）所使用的密码。

"交易密码"通常指的是在登陆证券公司软件，投资者查看自己的交易记录和委托股票买卖、申购新股等功能所使用的密码。

建议用户设置不一致的密码，保证您的资金更加安全。

（6）单击"下一步"按钮后，显示第三方存管的界面图。用户需要选择银行和输入银行卡号，绑定第三方存管的银行卡。

身份验证　　　　　签署协议　　　　　视频认证　　　　　开户确认

第三方存管

选择银行　　　平安银行　▼

输入银行卡号　　8888 8888 8888 8888 8888

☑ 我已阅读并同意签署《XX银行第三方存管协议》

下一步

图 5-6

说明：绑定银行卡后，投资者只能从该第三方存管的银行卡上转账到证券账户或从证券账户转到该第三方存管的银行卡。

（7）单击"下一步"按钮后，显示风险评估的内容。投资者用户需要回答 10~20 道题的风险评估内容。

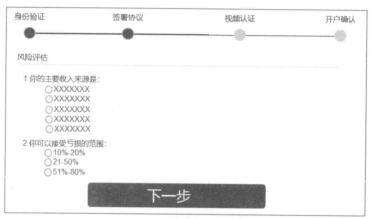

图 5-7

（8）单击"下一步"按钮后，显示开户确认的界面图。用户需要输入手机验证码确认内容。

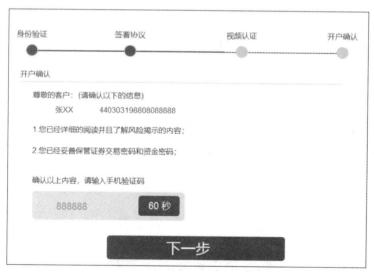

图 5-8

（9）单击"下一步"按钮后，显示视频认证的界面图。左边显示证券公司客服的工号和姓名、视频图像、对话记录的内容，右边显示客户的姓名、视频图像、音量设置、视频设置、发送内容输入框的内容。

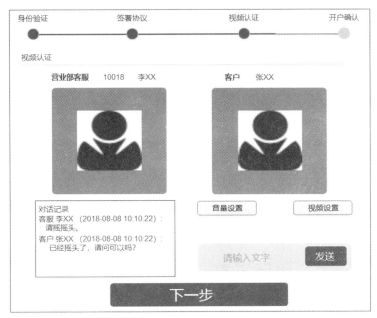

图 5-9

说明：视频认证和语音认证，确保客户视频和音频是一致，客户是本人操作。客户也可以按工号和姓名查询客服是否工作人员，是否拥有证券从业资格证书。

（10）单击"下一步"按钮后，显示安装证书的界面图，一般系统会自动安装证书。

图 5-10

（11）系统自动安装完成证书后，显示开户申请成功的界面图。

图 5-11

所有的证券公司开户流程都差不多，可能会有点不同，上述的过程仅供参考。

第三节　开户完成

开户通过后，用户将收到的短信内容如下：

（1）尊敬的客户，您在××证券网上开户的申请已通过，请登录系统查看结果，如有疑问请联系客户服务热线 400×××××。【××证券】

（2）尊敬的客户张××，恭喜您！您在××营业部已开户成功，您的账户目前已开通，资金账号为：×××××××××，上海股东账户为：×××××××××，深圳股东账户为：×××××××××。如有疑问请联系客户服务热线 400××××。恭祝您投资顺利！【××证券】

备注：每个证券公司开户流程都基本一致，上述开户流程提供给读者参考。

第四节　总结

恭喜您，通过本章的学习，你可以挑选一个证券公司开户。开户成功后，你就拥有账户，后续即可自己自由买卖股票。

第六章 电脑端和手机端买卖股票的使用教程

证券开户完成后，投资者就正式拥有了证券账号，可以实际操作买卖股票了。

第一节 证券公司软件（直接投资）

目前投资股票最常用的工具包括了 PC 电脑端和 APP 手机端，投资者可以更加方便、快捷、安全、随时随地地使用和投资理财，对投资者更加的公平、公开、公正。下面详细地说明 PC 电脑端和 APP 手机端的使用方法。

一、PC 电脑端使用方法

（一）步骤流程

（1）下载和安装 PC 客户端软件。

（2）登录客户端软件。

（3）银转证操作。

（4）买入股票操作。

（二）操作过程

1. 下载和安装 PC 客户端软件

进入证券公司的官方网站，并找到证券交易版软件下载。

图 6-1

软件安装：双击下载好的"tc_zq.exe"客户端程序文件，即可见开始安装的界面，用户可以根据步骤安装。

图 6-2

2. 登录客户端软件

软件安装完成后，用户双击计算机桌面的客户端图标，即显示证券公司的登录客户端界面。用户需要输入正确的账号类型、资金账号、交易密码、验证码，单击"确定"按钮就可以登录。

图 6-3

登录客户端软件成功，即可以进入系统使用系统里的功能。一般股民常用的功能有：买入、卖出、撤单、查询、三方存管业务。

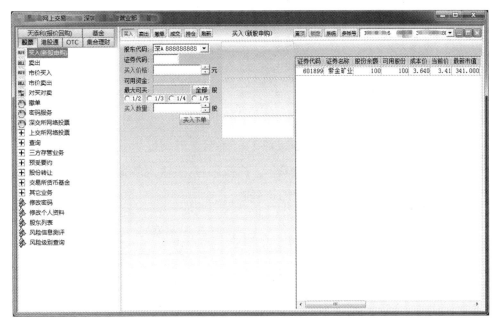

图 6-4

从图 6-4 可见功能包括：买入、卖出、市价买入、市价卖出、对买对卖、撤单、密码服务、深交所网络投票、上交所网络投票、查询、三方存管业务、预受要约、股份转让、交易所货币基金、其他业务、修改密码、修改个人资料、股东列表、 风险信息测评、风险级别查询，等等。

3. 银转证操作

银转证，指的是用户将第三方存管的银行资金转至绑定的证券公司个人账户。

为什么需要银转证操作？

因为股民新开户，个人的证券账户都是没有资金的，即可用资金为 0。那么股民需要将银行资金转至证券公司的个人账户，股民个人证券账户有资金，就可以买入股票。当天（T 日）转入，就可以当天（T 日）买股票。

如何银转证？

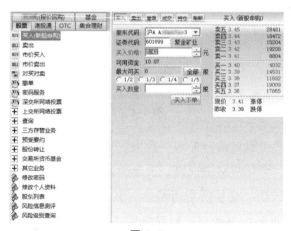

（三方存管转账的界面）

图 6-5

股民将银行的资金转到证券账户上，需要选择转账方式、选择三方存管的银行、银行密码（即银转证密码）、选择币种 、输入转账金额。确认上述内容正确后，单击"转账"按钮即可转账。

图 6-6

银转证转账成功后，股民可以查看"可用资金"是否有转入的资金。如果转账转入 10.07 元，原来可用资金为 0 元，那么可用资金即显示 10.07 元，表示银转证成功。

如果转账转入 10.00 元，原来可用资金为 0.07 元，那么可用资金即显示 10.07 元，表示银转证成功。

由此可见，公式为：可用资金＝原有可用资金＋转银证的资金

4. 买入股票操作

用户单击"买入（新股申购）"按钮，显示"买入"功能的界面。用户输

入证券代码、买入价格、买入数量，即可单击"买入下单"按钮，申报买入
股票。

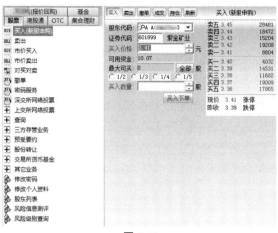

图 6-7

申购买入股票后，如果买入成交成功，那么股民可以在"查询"—"资金
股份"查看到信息内容。

图 6-8

二、APP 手机端使用教程

（一）步骤流程

（1）下载 APP 客户端软件。

（2）登录客户端软件。

（3）银转证操作。

（4）买入股票操作。

（二）详细操作过程

本流程均适合各证券公司的 iOS 和 Android 手机端，每家证券公司的 LOGO 标识均不相同，实际操作上可能有轻微的不同，如位置不同、按钮色调不同，等等。以下为 iOS 手机端的实操说明。

1. 下载 APP 客户端软件

进入手机界面，可见按钮"App Store"，并单击按钮进入"App Store"功能页面。

图 6-9

软件安装：输入证券公司名称并搜索，可见证券公司的软件图标和介绍内容、获取（更新、打开）的按钮。

图 6-10

说明：

单击"获取"按钮，表示安装软件程序。

单击"更新"，表示已经安装过软件，更新新的版本软件程序。

单击"打开"按钮，表示已经完成安装软件程序，直接进入软件程序。

2. 登录客户端软件

单击手机界面上的软件图标按钮，即进入客户端软件。在客户端软件上，可见"登录"按钮。

图 6-11

单击"登录"按钮后，显示登录界面。用户需要输入账户和密码登录。

图 6-12

登录成功后，用户可见自己资金账号的数据。

图 6-13

3. 银转证操作

用户单击"银证转账"按钮，即进入银证转账界面。

图 6-14

进入"银证转账"界面后，用户输入转账金额，并单击"转入到证券"按钮，即可将银行资金转入到证券账号可用资金上。

图 6-15　　　　　　　　　　　　　　图 6-16

单击"转入到证券"按钮后，显示的提示框。

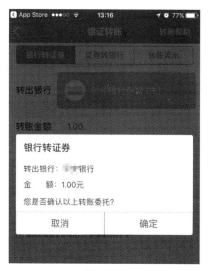

图 6-17

单击"确定"按钮后，显示的转账结果界面图。

图 6-18

如何验证银行转证是否成功？

单击"证券转银行"按钮，进入到证券转银行的界面。可见"可取余额"，原先为 10.08 元，现在为 11.08 元。表示银转证 1 元，已经成功转账。

图 6-19

图 6-20

4. 买入股票操作

用户单击"买入"按钮，即可进入"买入"功能的界面。

图 6-21

　　用户输入股票代码、买入价格、买入数量，即可单击"买入"按钮，申报买入股票。

图 6-22

图 6-23

　　如何验证是否买入成功？

　　申购买入股票后，如果买入成交成功，那么股民可以在"交易"界面的下方查看到信息内容，显示持仓内容则买入成交成功了。

图 6-24

股民也可以在"交易"—"持仓"的界面，查看到持仓的明细信息内容，持仓的股票有显示，表示已经申购买入股票成功。

图 6-25

如图 6-25 所示，可以查看到总资产、总盈亏、当日盈亏、总市值、可用、可取、股票/市值、持仓/可用、现价/成本、总盈亏的信息内容。

第二节　同花顺 APP 端买卖股票教程
（第三方软件）

一、同花顺概述

同花顺是一款国内炒股软件，是一家创业板上市的企业。它可以查看财经新闻信息、实时行情、买卖股票。

同花顺的公司全称是浙江核新同花顺网络信息股份有限公司，是国内第一家互联网金融信息服务行业上市公司（股票代码：300033），国家规划布局内重点软件企业、国家信息化试点工程单位。公司是专业从事金融大数据处理、金融信息云服务的高新技术企业。截至 2017 年 12 月 31 日，公司员工 2981 人，其中 90% 以上员工拥有大专以上学历，研究开发人员达 1543 人。由此可见，同花顺软件与时俱进、及时更新，能帮助投资者快速获取股票信息。

截至 2018 年 10 月同花顺软件支持添加的券商包括：爱建证券、长城国瑞证券、长城证券、川财证券、财达证券、财富证券、长江证券、财通证券、德邦证券、东北证券、东方证券、东莞证券、东海证券、大同证券、东吴证券、东兴证券、国都证券、光大证券、国金证券、国开证券、国联证券、国融证券、国盛证券、广州证券、华宝证券、华创证券、华福证券、华金证券、华林证券、华融证券、恒泰证券、红塔证券、华鑫证券、江海证券、金元证券、开源证券、联储证券、联讯证券、民生证券、民族证券、平安证券、首创证券、申港证券、上海证券、世纪证券、山西证券、天风证券、太平洋证券、万和证券、五矿证券、万联证券、网信证券、湘财证券、西南证券、兴业证券、西藏东方财富证券、英大证券、银行证券、银泰证券、中航证券、中金公司、浙商证券、中山证券、中泰证券、中天证券、中投证券、中银国际、中邮证券、中原证券，等等。

投资者只要拥有以上证券的账户其中之一即可以使用同花顺软件操作买

卖股票。

二、同花顺买卖股票流程

（1）下载和安装同花顺 APP 手机客户端软件。

（2）登录手机客户端软件。

（3）买入股票操作。

（4）卖出股票操作。

（5）新股申购操作。

三、详细操作过程

本流程均适合同花顺软件在 iOS 和 Android 手机端使用，实际操作上可能有轻微的不同，如应用市场不同、位置不同、按钮色调不同，等等。以下为 iOS 手机端的实操说明。

（一）下载和安装同花顺 APP iOS 手机客户端软件

进入手机界面，单击"App Store"图标按钮：

图 6-26

输入文字"同花顺"，并单击"搜索"按钮，可见同花顺软件。按钮通常会有三种状态：打开、获取、更新。

（1）打开：指的是当前软件是最新的版本，用户可以直接打开使用软件。

（2）获取：指的是用户未安装过该软件，用户可以直接安装最新版本软件。

（3）更新：指的是用户已经安装过该软件，但是软件版本太旧，用户可以更新软件使用新功能。

图 6-27

（二）登录手机客户端软件

使用手机号注册，注册成功后即可使用手机号码和手机验证码登录。

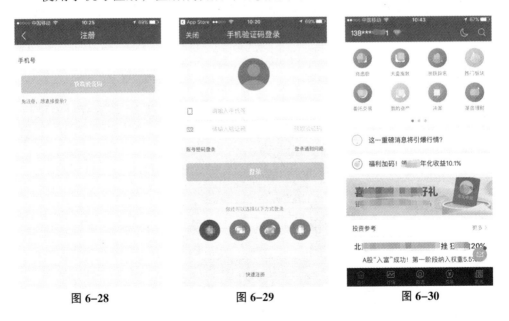

图 6-28　　　　　　　图 6-29　　　　　　　图 6-30

（三）买入股票操作

买入股票前：建议使用证券公司官方软件或者银行官方软件的银转证功

能，即把银行的资金转至第三方存管的证券账户上。

投资者的证券账户有足够的资金即可买入股票，目前最低需要买 100 股，100 股等同于 1 手。

登录软件后，单击下方栏目"交易"图标按钮。

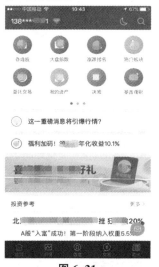

图 6-31

显示的"交易"界面图。

图 6-32

单击"买入"按钮后，显示的"买入"界面图。

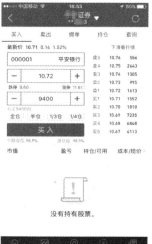

图 6-33

输入股票代码、买入价格、买入股数，并单击"买入"按钮后，显示的"委托买入确认"的提示框界面。

图 6-34

单击"确定买入"按钮后，用户即可见合同号，代表委托买入已提交。

图 6-35

在"撤单"页面可以查询到是否已经委托。投资者可以查看到成交的状态。

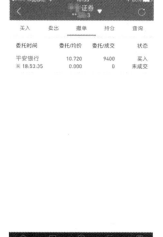

图 6-36

委托买入成交后，在"持仓"界面即可看见已经持仓的详细信息内容，包括股票市值、盈亏、持仓股票/可用股票、成本/现价的内容。

图 6-37

（四）卖出股票操作

卖出股票前：请投资者考虑清楚是否卖出，很多投资者都经常会买入就跌，卖出就涨。

为什么会买入就跌，卖出就涨呢？

因为买入前，投资者考虑是做中长线投资的，结果买入两三天见跌了就想做短线，亏本卖出，所以投资者要考虑一下当时买入股票时是打算做中长线投资还是做短线投机的。说白了就是，规划做好了，没按照计划执行，导致买入就跌、卖出就涨的局面。

（五）新股申购操作

截至 2018 年 12 月，新股上市平均涨幅较高，预计打新股也可以赚点买菜钱。

T 日买入的股票，可见可卖 0 股（表示 T 日买入，T 日不可卖）。

T+1 日，可见可卖 9400 股。投资者输入卖出的股票代码、价格、数量，单击"卖出"按钮（表示 T 日买入，T+1 日可卖）。

卖出成交成功后，可见持仓的股票数量变少或变没了。

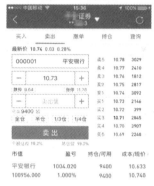

没有持有股票。

图 6-38

图 6-39

图 6-40

说明：
①T 日买入的股票，T 日不能卖出，T+1 日才可以卖出。
②T 日卖出的股票，T+1 日才可以证转银。

在"交易"页面里可见"新股申购"的功能按钮。

单击"新股申购"按钮后，显示新股申购界面，用户选择申购的股票，并单击"一键申购"按钮即可申购新股。

申购新股成功后，即可在"查询"页面查看到新股申购的流程和时间节点。

图 6-41

图 6-42

图 6-43

从新股申购的图可见，T 日申购，T+1 日公布配号，T+2 日查询中签记录。

第三节　雪球（第三方软件）

一、雪球概述

雪球是一款国内社交炒股软件，愿景是要成为最大的投资交流交易平台。2010 年 3 月成立，至今也运营了 9 年了。它可以查看股票、基金、组合的股票相关信息，也可以实时查看行情、新闻动态和与其他投资者互动交流，而且与证券公司合作，可以实盘股票交易。

截至 2018 年 10 月，雪球软件可以绑定的证券公司包括：平安证券、国金证券、国联证券、国泰君安、中泰证券。

图 6-44

二、雪球买卖股票流程

（1）下载和安装雪球 APP 手机客户端软件。

（2）登录手机客户端软件。

（3）买入和卖出股票操作。

三、详细操作内容

本流程均适合雪球软件在 iOS 和 Android 手机端使用，实际操作上可能有轻微的不同，如应用市场不同、位置不同、按钮色调不同等。以下为 iOS 手机端的实操说明。

（一）下载和安装雪球 APP 客户端软件

进入手机界面，单击"App Store"图标按钮。

图 6-45

输入文字"雪球"，并单击"搜索"按钮，可见雪球软件。按钮通常会有三种状态：打开、获取、更新。

（1）打开：指的是当前软件是最新的版本，用户可以直接打开使用软件。

（2）获取：指的是用户未安装过该软件，用户可以直接安装最新版本软件。

（3）更新：指的是用户已经安装过该软件，但是软件版本太旧，用户可以更新软件使用新功能。

图 6-46

（二）登录手机客户端软件

进入客户端软件后，单击左上角的图标按钮。

图 6-47

单击图标按钮后，可见"登录"按钮。

图 6-48

单击"登录"按钮后，用户可以使用微信登录或手机及其他登录方式。

图 6-49

登录成功后，页面左上角显示为用户账户的个人 LOGO。

图 6-50

（三）买入和卖出股票操作

买入股票前：请使用证券公司官方软件或者银行官方软件的银转证功能，即把银行的资金转至第三方存管的证券账户上。

进入某只股票的行情页面后，可见左下角的"交易"按钮。

图 6-51

单击"交易"按钮后，显示的功能框。功能包括：买入、卖出、撤单。

图 6-52

登录券商后，用户输入价格和买入数量，单击买入按钮即可。

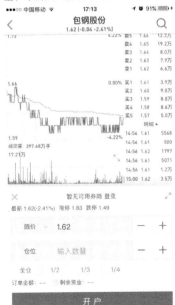

图 6-53

登录券商后，用户输入价格和卖出入数量，单击卖出按钮即可。

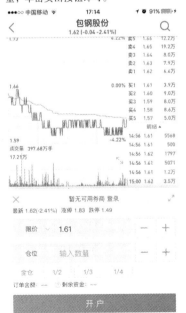

图 6-54

不同的证券公司，证券系统为投资者计算的成本价的公式也有所不同，常见的计算成本价的两种方式如下：

方式一：成本价 =（买入价格 × 股数 + 买入佣金）÷ 买入股数；

方式二：成本价 =［（买入价格 × 股数 + 买入佣金）+（现价卖出价格 × 股数 + 现价卖出佣金）+ 印花税］÷ 买入股数。

由上述两种公式可见，区别在于系统是否为投资者把卖出股票的成本也计算在公式里。

第四节　证券公司的看盘软件

序号	代码	名称	现价	涨幅%	涨跌	买价	卖价	现量	总量	换手%	今开	最高	最低	昨收	总额	振幅%	量比	委比%	委差
1	000001	平安银行	10.56	3.23	0.33	10.55	10.56	393	114.26万	0.68	10.26	10.61	10.18	10.23	11.96亿	4.20	1.73	-64.49	-35805
2	000002	万　科A	25.63	6.75	1.62	25.60	25.63	348	87.54万	0.90	24.20	26.00	23.93	24.01	21.78亿	8.62	1.92	48.08	1428
3	000004	国农科技	16.12	1.64	0.26	16.11	16.12	3	8894	1.07	15.86	16.26	15.80	15.86	1431.76万	2.90	1.75	-40.25	-190
4	000005	世纪星源	3.05	0.33	0.01	3.04	3.05	2	6.48万	0.68	3.03	3.06	2.99	3.04	1959.26万	2.30	1.49	6.11	1243
5	000006	深振业A	6.06	-1.30	-0.08	6.05	6.06	3	66.25万	4.93	6.04	6.20	5.92	6.14	4.00亿	4.56	2.69	-69.30	-4109
6	000007	全新好	11.83	-2.15	-0.26	11.83	11.84	20	1.04万	0.34	11.90	12.06	11.81	12.09	1236.23万	2.07	0.43	75.68	1008
7	000008	神州高铁	4.59	0.00	0.00	4.58	4.59	27	10.07万	0.50	4.58	4.63	4.52	4.59	4606.90万	2.40	0.45	-12.44	-2441
8	000009	中国宝安	4.70	0.43	0.02	4.70	4.71	43	9.06万	0.43	4.68	4.73	4.61	4.68	4221.45万	2.56	1.20	-39.00	-6080
9	000010	美丽生态	4.93	-0.60	-0.03	4.94	4.95	17	2.96万	0.57	4.96	4.99	4.86	4.96	1455.23万	2.62	0.91	-5.07	-298
10	000011	深物业A	12.31	-0.40	-0.05	12.30	12.31	66	8.00万	4.55	12.13	12.33	12.00	12.36	9727.29万	2.67	1.26	-49.83	-1011

图 6-55

（1）股票代码：股票使用代码表达不同的上市公司，目前所有股票代码由 6 位数字组成。

常见的：①首数字为 6 的是沪市（上海）A 股。②首数字为 0 的是深市（深圳）A 股。③首数字为 3 的是创业板。

例如：000001，平安银行，首数字为 0，属于深市 A 股。600000，浦发银行，首数字为 6，属于沪市 A 股。300001，特锐德，首数字为 3，属于创业板。

基金代码：上市基金的代码也是由 6 位数字组成。常见的：①首数字为 18 的是深交所传统封闭式基金。②首数字为 50 的是上交所传统封闭式基金。③首数字为 16 的是深交所 LOF 基金。④首数字为 15 的是深交所 ETF 基金。⑤首数字为 51 的是上交所 ETF 基金。⑥首数字为 15 的是深交所分级基金。

由此可见，首数字为 15、16、18 为深交所基金，首数字为 50、51 为上交所基金。

例如：150172，申万菱信申银万国证券行业指数分级 B，首数字为 15，属于深交所分级基金。160706，嘉实沪深 300ETF 联接（LOF）A，首数字为 16，属于深交所 LOF 基金。183001，银华全球优选（QDII-FOF），首数字为 18，属于深交所传统封闭式基金。502005，易方达军工分级 B，首数字为 50，属于上交所传统封闭式基金。510050，华夏上证 50ETF，首数字为 51，属于上交所 ETF 基金。

（2）名称：股票名称通常 2~4 个文字或文字+字母组成。我们经常看到一些股票名称前面有 XR、DR、XD、ST、*ST、S、SST、S*ST、N、NST、PT。

表 6-1

名称前的字母	字母的含义
XR	表示该股已除权处理，投资者购买该股票后将不再享有分红的权利
DR	表示该股已除权除息，投资者购买该股票后不再享有派息送股的权利
XD	表示该股票已除息，投资者购买该股票后将不再享有派息的权利
ST	表示最近两个会计年度连续亏损的上市公司施行的特别处理，即亏损股。股票报价的日涨跌幅限制为 5%。投资者投资该类股需要注意风险
*ST	表示最近三个会计年度连续亏损的上市公司，即退市预警的意思，购买此类股票要特别注意，随时退市本金不保，也有可能股票翻倍涨。股票报价的日涨跌幅限制为 5%。投资者投资该类股需要注意风险
S	表示还没有进行或完成股改的股票
SST	表示公司经营连续两年亏损进行的特别处理，还没有完成股改
S*ST	表示公司经营连续三年亏损进行的退市预警，还没有完成股改
N	表示新股上市首日的名称前都会加一个字母 N，即英文 NEW 的意思。新股上市后，一般连续几天都涨停板
NST	表示经过重组或股改重新恢复上市的 ST 股。该股票存在的投资风险高，给投资者一个警示作用，注意风险，可能会大涨大跌
PT	表示退市的股票

（3）现价：指股票的现在当前价格。投资者如果现价买入，需要按价格优先和时间优先的规则匹配。例如：现价是 10.00 元。假设每 1 手为 1 个投资者操作，卖单 10.00 元只有 5 手，买单 10.00 元有 6 手，买单 10.01 元有 1 手。那么按价格优先，系统会先成交 10.01 元的 1 手，再成交 10.00 元的买单 4 手。其中买单 10.00 元成交的 4 手是从买单申报 10.00 元的 6 手中按时间优

先规则排序匹配。

（4）涨跌幅（%）：

序号	代码	名称	现价	涨幅%	涨跌	买价	卖价	现量	总量	换手%	今开	最高	最低	昨收	总额	振幅%	量比	委比%	委差
1	000001	平安银行	10.56	3.23	0.33	10.55	10.56	393	114.26万	0.68	10.26	10.61	10.18	10.23	11.96亿	4.20	1.73	-64.49	-35805
2	000002	万 科A	25.63	6.75	1.62	25.60	25.63	348	87.54万	0.90	24.20	26.00	23.93	24.01	21.78亿	8.62	1.92	48.08	1428
3	000004	国农科技	16.12	1.62	0.26	16.11	16.12	3	8894	1.07	15.86	16.26	15.80	15.86	1431.76万	2.90	1.75	-40.25	-190
4	000005	世纪星源	3.05	0.33	0.01	3.04	3.05	2	6.48万	0.68	3.03	3.06	2.99	3.04	1959.26万	2.30	1.49	6.11	1243
5	000006	深振业A	6.06	-1.30	-0.08	6.05	6.06	3	66.25万	4.93	6.04	6.20	5.92	6.14	4.00亿	4.56	2.69	-69.30	-4109

图 6-56

涨跌幅%＝现价÷昨日收盘价－1。例如：10.56/10.23－1＝0.0323＝3.23%。

（5）涨跌：涨跌幅度＝现价－昨日收盘价。例如：10.56－10.23＝0.33。

（6）买价：指五档位的第一档买价。如图6-57所示：买价为9.99。

卖⑤(元/手)	10.05	863
卖④(元/手)	10.04	971
卖③(元/手)	10.03	411
卖②(元/手)	10.02	191
卖①(元/手)	10.00	9
当前价(元)	10.01	
买①(元/手)	9.99	4133
买②(元/手)	9.98	3908
买③(元/手)	9.97	8186
买④(元/手)	9.96	4250
买⑤(元/手)	9.95	10126
外盘	655926	内盘 546591

序号	代码	名称	现价	涨幅%	涨跌	买价	卖价
1	000001	平安银行	10.01	-4.21	-0.44	9.99	10.00

图 6-57

（7）卖价：指五档位的第一档卖价。如图6-58所示：卖价为10.00。

卖⑤(元/手)	10.05	863
卖④(元/手)	10.04	971
卖③(元/手)	10.03	411
卖②(元/手)	10.02	191
卖①(元/手)	10.00	9
当前价(元)	10.01	
买①(元/手)	9.99	4133
买②(元/手)	9.98	3908
买③(元/手)	9.97	8186
买④(元/手)	9.96	4250
买⑤(元/手)	9.95	10126
外盘	655926	内盘 546591

序号	代码	名称	现价	涨幅%	涨跌	买价	卖价
1	000001	平安银行	10.01	-4.21	-0.44	9.99	10.00

图 6-58

（8）现量：指最近一个时间节点的逐笔交易的量。红色：表示买入的量。绿色：表示卖出的量。

逐笔	分价	大单	更多>>
时间	成交价（元）	成交量	性质
11:30:00	10.01	533	卖盘
11:29:57	10.01	135	买盘
11:29:55	10.00	55	卖盘
11:29:51	10.00	115	卖盘
11:29:48	10.01	89	买盘

图 6-59

（9）总量：指的是总量=外盘（买盘）+内盘（卖盘）的量。

如图 6-60 所示：655926 + 546591 = 1202517。即总量为 120.25 万。

卖⑤(元/手)	10.05	863
卖④(元/手)	10.04	971
卖③(元/手)	10.03	411
卖②(元/手)	10.02	191
卖①(元/手)	10.00	9
当前价(元)		10.01
买①(元/手)	9.99	4133
买②(元/手)	9.98	3908
买③(元/手)	9.97	8186
买④(元/手)	9.96	4250
买⑤(元/手)	9.95	10126
外盘	655926	内盘　546591

图 6-60

（10）换手（%）：换手率=成交量÷流通总股数×100%。例如，某只股票一天内成交量为 100 万股，流通总股数为 1 亿股。

（11）今开：指今天的开盘价，即 AM 9：30 的价格。

（12）最高：指从今天开盘起到目前为止，整条 K 线走势最高的价格。最高价的初始值为今天开盘价。

（13）最低：指从今天开盘起到目前为止，整条 K 线走势最低的价格。最低价的初始值为今天开盘价。

（14）昨收：指昨天下午 15：00 收盘的价格。

（15）总额：证券公司里的总额指的是当日开盘到目前为止的成交额。

10.01 ⬇	昨 收:**10.45**	今 开:**10.05**
-0.44 -4.21%	成交量:**137万手**	成交额:**13.81亿**
10-11 13:34:40	换手率:**0.80%**	市净率:**0.83**

图 6-61

（16）振幅（%）：指股票开盘后的当日最高价和最低价之间的差的绝对值与前日收盘价的百分比，它在一定程度上表现股票的活跃程度。

例如：当日最高价为 10.16，当日最低价为 9.95。昨天收盘价为 10.45。那么振幅 = |10.16 − 9.95| ÷ 10.45 × 100% = 0.0201 × 100% = 2.01%。

现价	涨幅%	涨跌	买价	卖价	现量	总量	换手%	今开	最高	最低	昨收	总额	振幅%
10.03	-4.02	-0.42	10.03	10.04	331	138.90万	0.82	10.05	10.16	9.95	**10.45**	13.96亿	2.01

图 6-62

（17）量比：量比是衡量相对成交量的指标。计算公式为：

量比 = [现成交总手数/现累计开市时间（分）] ÷ 过去 5 日平均每分钟成交量

表 6-2

量比（倍）	描述说明
0.8~1.5	成交量处于正常水平
1.5~2.5	股价上涨，短期内涨的概率较大。服价下跌，短期内跌的概率较大
2.5~5	成交量明显放量，若股票在上升突破5天最高价，则上涨突破成功概率较高
5~10	成交量快速放量，若股票横盘一段时间，则短期内上涨突破可以期待，概率也较高
10~20	风险很高的股票。若股票大涨，则短期很快回落。若股票大跌，则短期很快拉升，适合建仓
20~100	通常量比在 20~100 的股票，都为新股开盘，许多投资者挂单买或卖。通常追涨的投资者，都会建仓挂单申报购买

（18）委比（%）：委比是衡量一段时间内场内买盘、卖盘强弱的技术指标。计算公式为：

委比 = （委买手数 − 委卖手数）÷（委买手数 + 委卖手数）×100%

若"委比"为正值，数值越大，说明场内买盘较强。委比为+100%，通常股票价格涨停。

若"委比"为负值，数值越大，说明场内卖盘较强。委比为−100%，通常股票价格跌停。

（19）委差：指总的委托买入量与总的委托卖出量的差值，在一定程度上反映了价格的发展方向，反映买卖双方的力量对比。委差为正数说明买方较强，委差为负数说明卖方卖盘较强。委托指的是未成交的股票价和量，那么委差机构就可以制造假象，让没经验的小股民买入。例如，一个股票涨停板封了 1 万手，机构再委托买入 10 万手，那么就有 11 万手委托买入。2 小时后，如果有股民也在涨停板委托买入 5 万手，那么就有 16 万手委托买入。如果机构此时撤单委托买入的 10 万手，再卖出已经持有的 6 万手股票。那么机构就可以高价卖光所持的 6 万手股票，同时小股民就在高价位上接手了股票。

第五节　交易所的软件

深圳交易所和上海交易所已经与互联网接轨，上线了相应的 APP 应用软件，新闻更新很快，建议投资者下载和使用。

图 6-63

上海交易所的 APP 应用，我们可以查询热点动态、上交所公告、新闻发布会、公司公告、基金公告、债券公告、衍生品公告、股票行情、基金行情、债券行情、回购行情、指数行情、期权行情、指数信息、成交概况、培训动态、监管措施、监管问询、监管动态、相关规则、互动等内容。

深圳交易所的 APP 应用，我们可以查询发行上市、市场数据（股票、基金、债券）、信息披露（交易所公告、上市公司公告、基金公告、债券公告）、业务规则（综合类、发行上市、上市公司、交易、会员、基金、债券和权证）的内容。

(上交所 APP)

图 6-64

(深交所 APP)

图 6-65

这些信息的发布比一些新闻网站发布的快，早 10 分钟知道新闻信息，那么就可能赚到买菜钱或规避下跌的风险。

第六节　买卖股票的相关收费

（1）手续费：佣金。证券公司一般收取投资者的佣金一般是万分之二到千分之三，按证券公司的规模大小（越小规模越低佣）、投资者的投资金额越大小（越大额度越低佣）可以洽谈到较低的佣金。投资者每笔交易的手续费不足 5 元，将按 5 元收取。

（2）印花税：成交金额的 1‰ 。2008 年 9 月 19 日至今由向双边征收改为向出让方单边征收。

（3）过户费：中国的股票交易市场在 2015 年 7 月 30 日发布了关于调整上海股票交易过户费用的收费标准通知从 2015 年 8 月 1 日开始，上海股票交易过户费用的收费标准由原来的按照成交金额的 0.6‰ 人民币计收修改为按成交金额的 0.02‰人民币计收，深圳证券交易市场依旧不需要支付任何过户费用。

（4）交易规费：交易规费 = 证管费 + 证券交易经手费。

（5）实例：

发生日期	业务名称	证券代码	证券名称	成交均价	成交数量	成交金额	股份余额	手续费	印花税	过户费	其他费	发生金额	资金余额	委托编号	委托价格	委托数量
2017-12-08	证券卖出清算	00 1		33.8600	1000	33860.00	0	6.77	33.86	0.68	0.000	33818.69	34877.44		33.8500	1000

图 6-66

手续费 = 成交金额 × 佣金 = 33860 元 × 0.02% = 6.77 元（系统四舍五入）

印花税 = 成交金额 × 1‰ = 33860 元 × 1‰ = 33.86 元

过户费 = 成交金额 × 0.002‰ = 33860 元 × 0.002‰ = 0.6772 元 = 0.68 元（系统四舍五入）

发生金额 = 成交金额 - 手续费 - 印花税 - 过户费 = 33860 元 - 6.77 元 - 33.86 元 - 0.68 元 = 33818.69 元

资金余额 = 成交金额 + 账户余额 = 33860 元 + 17.44 元 = 34877.44 元

第七节　总结

恭喜您，通过本章的学习，个人学会了买卖股票，学会了基础看盘软件，学会看新闻信息内容，学会了股票的相关收费和计算，是理财投资的第一步。后续需要学习更多专业的知识和分析，才能挑选到好的股票，赚到买菜钱。

第七章　理财资金配置比例

不管是短线投资，还是中长线投资。建议理财按比例分割开，毕竟投资有风险，投资需谨慎。

假设你资金有 10 万元、100 万元、1000 万元，你会如何配置资金进行理财投资呢？

第一节　10 万元的理财方式

40%用于保本理财，60%用于投资股票。

表 7-1

序号	金额（万元）	理财方式	预计年化收益（%）
1	1	银行活期存款（应急）	0.35
2	3	货币基金（余额理财）	2.8
3	4	股票（中长线）	−20~+20
4	2	股票（短线随时买卖）	−50~+50

说明：

（1）银行活期存款放置 1 万元，主要用于应急。例如，突然要看病、节假日出去吃顿大餐、突然被老板抓去出差、说走就走的旅游。留点应急资金还是需要的，而且还有年化收益率 0.35%。虽然很少，但总比没有好。

（2）货币基金投资 3 万元，也属于应急的。因为转出到银行卡，也需要 2 小时以上，必要的时刻需要提前 2 小时就可以转出。很多人看见银行卡有资金，就随便花费，放在货币基金的钱，由于有 2 小时时效，银行卡也不显示这笔资金，应该可以免去花费，有年化收益 2.8% 左右。

（3）股票中长线投资 4 万元，主要投资于大盘股。例如，中国银行（601988）、中国石油（601857）、中国中车（601766）。投资大盘股主要是可以少花点时间操作买卖，放着 1~2 年，什么时候收益有 10% 左右就差不多了。

（4）股票投资短线 2 万元，主要是短线投资，快进快出。可以是今天进，明天出。主要是很多投资者不操作就觉得手痒痒，这部分资金买的股票肯定是大起大落，赢了就成高手，资金翻倍；输了就成菜鸟，资金剩下几千元。

（5）从上述可见，40% 的资金用于银行存款和货币基金，属于保本类型理财。60% 的资金投资于股票，这部分钱属于高风险，可能 6 万元亏得只剩下 1~2 万元。如果亏本太多，可能股票就是熊市了，后续不急用钱，可以把货币基金的资金补仓。每个月发的工资，不建议投资股票，只建议放进货币基金，未来等待好时机再购买股票。

为什么不建议将每个月发的工资投资股票呢？是因为股票 1 万元涨停变为 1.1 万元，次月你加仓，股票就是 2.1 万元了，那么跌停就变为 1.89 万元。一个涨停和跌停可见股价没涨多少、没跌多少，你也亏本金 1100 元了。

第二节　100 万元的理财方式

42% 保本理财，58% 投资股票。

表 7-2

序号	金额（万元）	理财方式	预计年化收益（%）
1	20	银行活期存款（应急）	0.35
2	2	现金	—
3	20	货币基金（余额理财）	2.8
4	45	股票（中长线）	−20~+20
5	13	股票（短线随时买卖）	−50~+50

说明：

（1）银行活期存款放置20万元，主要用于应急。例如，突然要看病、节假日出去吃顿大餐、突然被老板抓去出差、说走就走的旅游，是个人的流动资金。

（2）家里放置闲置资金2万元。主要用于紧急情况，不能刷卡和电子支付的场合。

（3）货币基金投资20万元，也属于应急的。由于很多货币基金的平台，限制投资上限为10万元，那么20万元就分开两笔投资。

（4）股票中长线投资45万元，主要投资于大盘股。例如，中国银行（601988）、中国石油（601857）、中国中车（601766）。投资大盘股主要是可以少花点时间操作买卖，放着2~3年，什么时候收益有10%左右就差不多了。

示例：招商银行（600036），流通市值：5865亿元，3年时间从10.54元涨到28.10元。

图 7-1

（5）股票投资短线13万元，主要是短线投资，快进快出。建议将资金分为3份，分别为3万元、4万元、6万元。3万元为投资者看中一只股票，作为建仓的资金。4万元为股价上升过程中增仓或者下跌过程中补仓的资金。6万元为投资者看好股价短期内还能上涨或者股价已经跌到位了，用于增仓或补仓的资金。短线投资者通常查看5日线、日线、最近的新闻动态选择购买的股票。

第三节　1000万元的理财方式

如果从100万元理财到1000万元，那么你的知识、你的操作方法、你的心理压力已经很稳定了。1000万元已经解决了你自己一辈子衣食住行的基础问题。

我国500强的企业中90%都是上市企业，都是"资本家"，都是大量使用别人的资金帮助自己赚取更多的资金，同时也为社会提供了就业机会，帮助员工解决短期衣食住行的问题。

学生时代，学生做数学题时，有的学生很快计算完成并且正确，有的学生则很慢计算完成并且正确，有的学生则计算一天一夜都未计算完成。你看，那个学生很勤奋啊，计算了一天一夜。可见，能否计算完成数学题，并非努力就可以，而是灵活运用数学公式和方法。

上班的时代，员工找客户，有的员工打了100个电话，没有找到1个客户；有的员工则在公司天天睡觉，但一个月后带来1亿元的订单。老板在公司看见，则认为打100个电话的员工很勤奋，在公司天天睡觉的员工很懒散。可是天天在公司睡觉的员工，经过分析发现该行业的客户均活跃在晚上，晚上打电话找客户，成功率达80%，于是他每天白天睡觉，晚上找客户。同理，理财赚钱也要讲求方法，并不是你一天24小时盯着K线，股价就会涨。

假如你的1000万元突然变没了，你将回归最初期的生活模式，很多人都接受不了，所以这里提供一个较保守的理财方式。

24%保本理财，40%固定资产投资，26%投资股票，10%创办实业。

表7-3

序号	金额（万元）	理财方式	预计年化收益（%）
1	400	购置房产	6
2	100	银行活期存款（应急）	0.35
3	40	银行定期存款	2.75
4	50	现金	—

序号	金额（万元）	理财方式	预计年化收益（%）
5	50	货币基金（余额理财）	3
6	200	股票（中长线）	−20~+20
7	60	股票（短线随时买卖）	−50~+50
8	100	开设企业，创办实业	无法估计

说明：

（1）购置房产 400 万元，有的城市可以买 100 多平方米，有的城市只能买 40 多平方米。房子自己住，也可以保值，使你有家的感觉。假如物价每年涨 6%，那么房价通常也跟着涨 6%。

（2）银行活期存款放置 100 万元，主要是个人的流动资金、周转资金。

（3）银行定期存款 40 万元，主要是年化收益较高，闲置资金可以定期。

（4）现金 50 万元，主要用于紧急情况，不能刷卡和电子支付的场合。企业的资金周转。世界在变，经济在变，预留现金流可以创新，世界那么大，出去走走可能思维就变了。说不定环游世界回来，突然不想投资理财，要认真做实业了。

（5）货币基金 50 万元，由于很多货币基金的平台，限制投资上限为 10 万元，那么 50 万元就分开 5 笔投资，收益可能与定期差不多。未来生活不够花，可以从货币基金中一点一点拿来消费。

（6）股票中长线 200 万元，主要投资于大盘股，可能挑选 5 个左右的大盘股投资，由于中长线投资建议分批建仓，免得一买入就大跌。

（7）股票短线 60 万元，主要投资于中小盘股，能否短线投资成功，就看这只股票了。

（8）创办企业 100 万元，运营 5~10 年，企业可能会有三种未来的道路：第一种是 20% 的可能是自己企业上市，摇身一变为百亿富翁，约 2 年解禁变为现金。第二种是 70% 的可能是把企业卖给上市公司，摇身一变为亿元富翁，约 1 年解禁变为现金。第三种是 10% 的可能不上市，自己运营的企业很赚钱。

为什么创办企业呢？无论你打工做得怎么出色，岗位也无法传给你的后人。只有老板才能把岗位传给他的后人。所以，市场上成功人士的书籍大部分都是鼓励人去创业、行动、找方法。创办企业成功了，则几代人受益，不用再为赚第一桶金而烦恼，后人可以做自己感兴趣的事情，直接可以进入钱生钱的模式。

为什么需要现金流呢？人每天的生活都是上班、下班的循环。同样现金流也要达成这样的循环。例如，A 酒店老板去了 B 酒店度假，支付了 B 酒店 1000 元。B 酒店老板收到 1000 元后，去了 C 酒店出差，支付了 C 酒店 1000 元。C 酒店老板收到 1000 元后，去了 A 酒店出差，支付了 A 酒店 1000 元。最后 1000 元又回到了 A 酒店老板手中，但各个酒店老板出差和旅游时住的酒店等于免费。

只有创办了企业和投资，你的现金流才能与各行各业循环，因为社会上每个行业都是互相关联的。

第四节　总结

恭喜您，通过本章的学习，学会理财资金的配置。投资资金少，有少的投资方法；投资资金多，有多的投资方法。合理配置资金，使投资者的资金产生最大收益，同时也不会忽略正常的生活。

有的投资者 1 万元本金，赚到过上百万元；也有的投资者，100 万元本金曾经亏损到 1 万元。

合理的理财资金配置才能更好地利用资源，才能更适合投资者自己。

第八章　投资新股的方法

自从抽新股换了个新规则后，申购新股和买卖新股已经成为风险低、高收益的玩法了。基本所有的新股上市后，平均都涨了100%以上。新股打开涨停板后，一般调整下跌几天，很多新股又会开始继续上涨。目前新股还是可以快速赚钱的，待新股上市上得差不多，那么新股就可能破发行价，那时就不要炒新股了。

过去打新股的规则：系统先锁定投资者的打新款，再让投资者抽签。

现在打新股的规则：投资者先申购委托，系统先抽签，投资者中签后再交款。

第一节　申购新股

一、新股申购流程

（1）投资者申购（T日）：投资者在申购时间内申购新股，在证券公司系统中进行申购委托。根据股票市值申购，无须缴款。（备注：系统会自动计算您的证券账户中 T-2 日至前 20 个交易日的日均股票市值，并分配你可申购委托多少股新股。上海股票每持有市值 1 万元，新股可以申购 1000 股，深圳股票每持有市值 5000 元，新股可以申购 500 股。）

通常申购时间为 9：30~11：30/13：00~15：00，据说申请时间为 10：00 和 14：00 中签的概率较高。

（2）摇号抽签（T+1日）：公布中签率，并且根据总配号量和中签率组织摇号抽签，次日将会公布中签结果。

（3）确认中签（T+2日）：确定中签后，请确定收盘前，你（投资者）证券账户上"可用余额"有足够资金用于新股申购的资金交收。

二、如何获取申购新股的资格

了解新股申购流程后，那么就需要持股了，只有持股才可以获取申购新股的资格。有的人不希望买卖股票，只希望申购新股。那么就需要买入比较稳定，一年都不会怎么上涨或下跌的股票了，比如银行股和石油股。

图 8-1

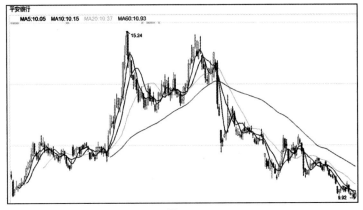

图 8-2

虽然比较稳定，但中国石油也会在短短 3 个月内从 9.58 元跌到 7.39 元，跌幅20%左右。平安银行也会在短短 5 个月内从 15.24 元跌到 9.92 元，跌幅有 40%左右。可见，风险是规避不了的，想赚钱就需要承受一定的亏损风险。股票投资者购买了股票后，那么就有资格申购新股。

三、新购的收益

有新股申购资格就等待新股发行，每天申购新股即可。运气非常好的中一个签，预计会有 300%的收益。运气很好的中一个签，预计会有 200%的收益。运气好的中一个签，预计会有 100%的收益。运气一般的中一个签，预计会有50%的收益。运气差的中一个签，预计会破发行价，亏损，貌似比较少。

第二节　卖出申购的新股的最佳时间

中签新股，也要学会卖出。不卖出，永远不叫赚。那么中签的新股什么时候是最佳卖出时机呢？在最高点卖出股票是很难的，也很少有人可以做到。在新股打开后，在 15：00 前收盘没封涨停板，那么当天或次日就是最佳卖出的时机了。后续涨幅已经不大了，最多可能也就涨 20%左右，但如果一旦出

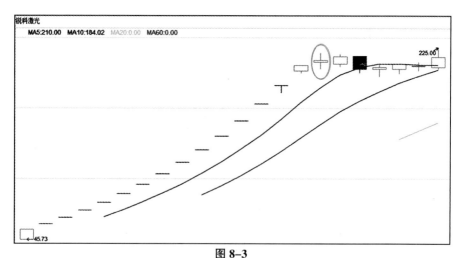

图 8-3

注：画圈的位置就是打开涨停板的日子。

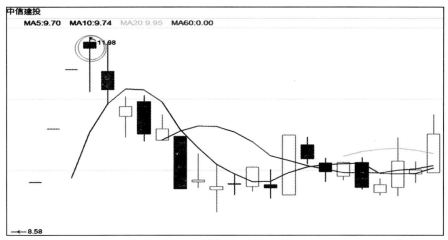

图 8-4

注：画圈的位置就是打开涨停板的日子。

现一个跌停板，那么就可能连续跌停板几个，跌停板想卖出就很难卖出了，除非有土豪和机构再炒一波。

如果是笔者中签了，那么在该股收盘没有涨停板时，笔者就会卖出中签的新股。虽然后续还可以涨，但风险渐渐会大，也没有太多时间短线看盘。

第三节　买入刚上市的新股

新股上市，天天涨停板，好吸引人啊，但怎么买都买不进去。有没有办法可以买进刚上市的新股呢？还是有的。

前面 3 个涨停板，一般是很难买入的。那就不要浪费资金在"可用余额"上。第 3 个涨停板后，在 2018 年 6 月 13 日 15：00 前可以在可用余额上开始放一些闲置资金了。2018 年 6 月 14 日 00：00 可以挂单 6.30 元涨停价买入。因为股票按时间优先、价格优先的原则，股民同样以 6.30 元的价格申购挂单买入，那就意味着按时间优先买入。在 2018 年 6 月 14 日开盘后，如果有股民 6.30 元卖出，你刚好是第一个委托买入的股民，那么你就很可能买入了，就可以赚几个涨停板。

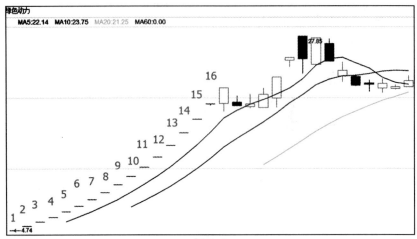

图 8-5

注：该股有 16 个涨停板。

表 8-1

涨停板数量	涨停板价格（元）	日期
1	4.74	2018-06-11
2	5.21	2018-06-12
3	5.73	2018-06-13
4	6.30	2018-06-14
5	6.93	2018-06-15
6	7.62	2018-06-19
7	8.38	2018-06-20
8	9.22	2018-06-21
9	10.14	2018-06-22
10	11.15	2018-06-25
11	12.27	2018-06-26
12	13.50	2018-06-27
13	14.85	2018-06-28
14	16.34	2018-06-29
15	17.97	2018-07-02
16	19.77	2018-07-03

（备注：不同的证券公司每天的清算时间有所差异，为了确保委托成功，

建议电话咨询证券公司。）

常见的有两种：①在 00：00 可以委托当天的单。②在当天 23：00 后可以委托次日的单。

第四节　中长线炒新股

中长线投资要避免在大小非前后买入，长线可能也需要先卖出 1~2 周避开下跌期。

小非：小部分禁止上市流通的股票解禁。（详细说明：股改后，对股改前占比例较小的非流通股。限售流通股占总股本比例小于 5% 的，在股改一年后方可流通，一年以后也不是大规模的抛售，而是有限度地抛售一小部分，为的是不对二级市场造成大的冲击。）

大非：大部分禁止上市流通的股票解禁。（详细说明：股改后，对股改前占比例较大的非流通股。限售流通股占总股本 5% 以上的，在股改后两年以上方可流通，因为大非一般都是公司的大股东，战略投资者，一般不会抛。）

中长线买卖新股的投资者，要记得大非和小非的时间，否则管理层和大小股东卖出股票套现，可能就会暴跌。上市一年左右，股价会逐渐调整到合理的价位。2018 年 11 月和 12 月为小非时期，过了这时期后，投资者可以对这种次新股中长线投资，持有 2 年左右应该会有不错的收益。也可以给自己设置一个限度，涨幅 20% 就卖出股票，下跌 10% 就卖出股票。

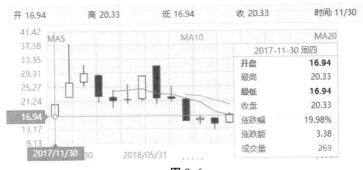

图 8-6

第五节　总结

　　恭喜您，通过本章的学习，学会申购新股，还有买卖新股的玩法。买卖新股风险有点高，投资者应适当地控制仓位，买卖新股的方法需要经常实时看盘，适合有时间的投资者。申购新股适合任何投资者，只要中签基本都可以赚钱，截至目前，新股首日开盘基本都是涨停的。

PART 3

分析和方法篇

第九章 A 股牛市

A 股牛市指的是上证指数和深证成指在一段时间内指数呈上涨趋势，个股的价格上涨幅度在 50% 或以上，资金流入较多。80% 的股票价格变化的总趋势是向上涨，牛市特征是大涨小跌，每次小跌后，都大幅度上涨超过最近时期的最高价格。

A 股牛市有个特点，它具有轮动性。即这个板块涨完，到另一个板块涨。所以牛市时避免频繁操作，建议持股待涨。如果运气好，你的股票优先涨，赚多了就可以卖出，买入另一个板块，以求利润最大化。一波牛市里面，赚两波牛市的资金。

A 股牛市还有个特点，3 元以下的股票通常会涨 50% 以上，并且牛市不会有任何一个股低于股价 3 元。

A 股的牛市有很多次都是前期证券股优先领导股票行情上涨，中期再轮到银行股，最后后期就是钢铁股。钢铁股涨完后，就差不多又回到了平淡的日子了。

2014~2017 年，笔者也看过其他投资者真的从 20 万元资金炒到 500 万元。以前笔者总以为是经过 Photoshop 软件处理的图片，后来通过五档盘口查看，发现他买入 11000 股，五档盘口显示他的 110 手。说明股坛总有少数投资者是可以赚到大钱的。

2014~2015 年，笔者也看过有的投资者只做招商银行，低买高卖，股票杠杆，赚到 600 万元。招商银行从 2014 年的 8 元左右涨到 2015 年的 18 元左右。

2015 年 6 月~2016 年 6 月间，笔者也听过有的投资者杠杆爆仓，把2014~2015 年赚的钱和本金全部亏损了。

总而言之，A 股牛市也有亏钱的投资者，熊市也有赚钱的投资者。保持好心态，记住千万不能用生活所需的急用钱炒股票。

入市有风险，投资需谨慎。

A 股牛市特征：

（1）成交量放大，有所突破。

案例：

2014 年 12 月 5 日，A 股成交突破 1 万亿元，沪市成交 5980 亿元，深市成交 4077 亿元。

2014-12-05 周五		2014-12-05 周五	
开盘	2926.57	开盘	10164.37
最高	2978.03	最高	10319.87
最低	**2813.05**	最低	**9749.14**
收盘	2937.65	收盘	10067.28
涨跌幅	1.32%	涨跌幅	0.37%
涨跌额	38.19	涨跌额	37.45
成交量	6.41亿	成交量	3.13亿
（上证指数）		（深证指数）	

图 9-1

突破 1 万亿元后，持续 6 个月上涨。上证指数涨到 5100 多点，深证成指涨到 17000 多点。

（2）A 股的不利新闻消息频出，媒体新闻和报纸都在传播，但指数的价格和股票的价格却跌一点点或反而上涨时，为多头买进时机，被多个机构看好吸货。

（3）牛市的 RSI6 通常在 50~90 间，在 90 左右就准备卖出。熊市的 RSI6 通常突然从 80 多跌到 50 或以下。

（4）实体经济有所好转，消费的人多了，街上买东西的人多了。报纸杂志报道的利好消息多于利空消息。

（5）各种金融网站的浏览量、回复量、注册量大量增加。A 股大涨几天，肯定会有许多投资者在各种金融网站查询和咨询信息。

（6）证券股大涨，证券股全线涨停。

第一节　第一次牛市

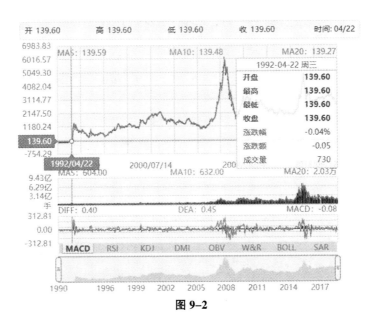

图 9-2

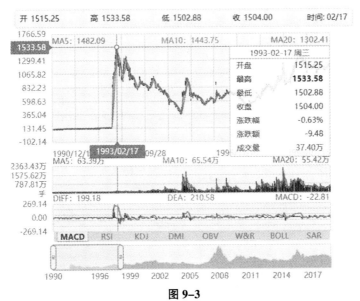

图 9-3

（大牛市）从 1992 年 4 月 22 日最低 139.60 点，涨到 1993 年 2 月 17 日最高 1533.58 点。10 个月涨了 10 多倍。

第二节　第二次牛市

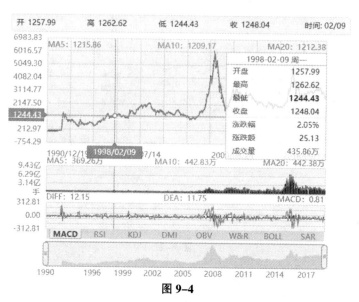

图 9-4

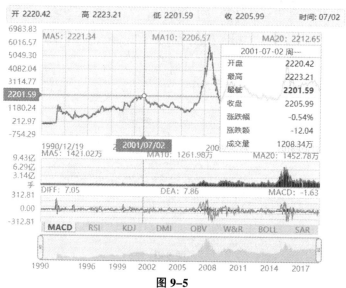

图 9-5

（小牛市）经过 5 年的调整，从 1998 年 2 月 9 日最低 1244.43 点，涨到 2001 年 7 月 2 日最高 2223.21 点。3 年多涨了 90%，平均每年涨幅为 30%。

第三节　第三次牛市

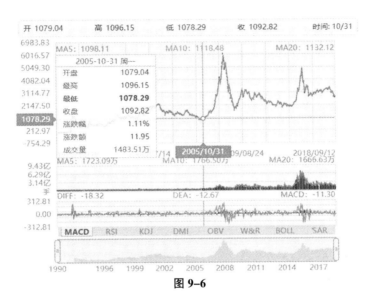

图 9-6

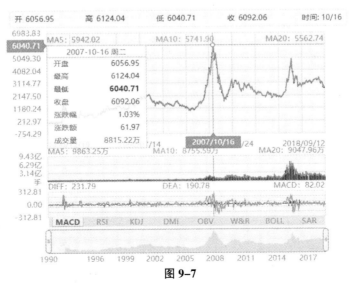

图 9-7

（大牛市）经过 4 年多的调整，从 2005 年 10 月 31 日最低 1078.29 点，涨到 2007 年 10 月 16 日最高 6124.04 点。2 年涨了 6 倍左右，平均每年涨幅为 300% 左右。

第四节　第四次牛市

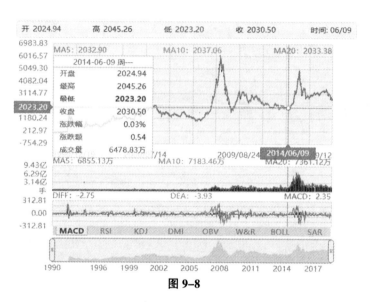

图 9-8

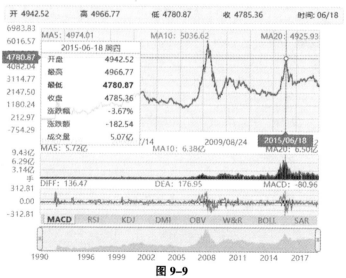

图 9-9

（大牛市）经过 7 年左右的调整，从 2014 年 6 月 9 日最低 2023.20 点，涨到 2015 年 6 月 18 日最高 4966.77 点。1 年涨了 2 倍多，平均每年涨幅为 200%左右。

第五节　预测即将到来的牛市

根据以上数据分析，以往平均经过 5~6 年调整后，A 股会出现一个小牛市或大牛市。预测 2020 年 10 月至 2021 年 10 月左右，市场将会开始出现一个小牛市或大牛市，预测牛市将持续一年从 2300 点左右涨到 4082 点左右。

图 9-10

（最低点相连成直线，预测未来的行情最低点。）

图 9-11

（最低点相连成直线，预测未来的行情最低点。最高点相连成直线，预测未来的行情最高点。历史顶点与近期高点相连成直线，预测下跌到什么时候与最低点的直线相连，这个交叉点就是判断行情上升或下跌的时间节点。）

以上预测数据仅供参考！

2018 年 10 月有很多证券已经开始涨了，但笔者认为这并不是牛市。例如：国海证券（000750）一周涨了 54%。西南证券（600369）一周涨了 35%。

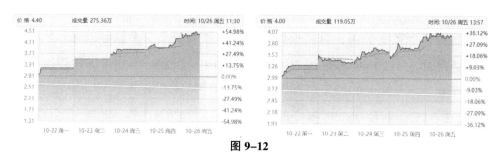

图 9-12

预测牛市的轮动板块：

牛市前期：证券股→地产股→有色金属→银行股 →保险股（一般 3 个月大涨 100% 左右，3 个月小涨 20% 左右）。

牛市中期：中小盘 →3 元以下的低价股。

牛市后期：钢铁股 →铁路股→中国石油。

案例：

1. 牛市前期

上证指数：2014 年 11 月涨了 10.85%，2014 年 12 月涨了 20.57%。

图 9-13

中信证券（600030）：2014 年 11 月涨了 30.06%，2014 年 12 月涨了 96.42%。

图 9-14

保利地产（600048）：2014 年 11 月涨了 24.79%，2014 年 12 月涨了 50.27%。

图 9-15

山东黄金（600547）：2014 年 12 月涨了 9.01%，2015 年 1 月涨了 29.22%。

图 9-16

从图中可见，2014 年 11 月、12 月证券和地产都涨了，但是 2015 年 1 月证券和地产下跌了。有色金属股票则在 2015 年 1 月大涨。

2. 牛市中期

上证指数：2015 年 3 月上涨 13.22%，2015 年 4 月上涨 18.51%。

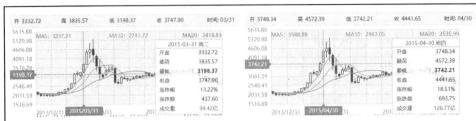

图 9-17

金证股份（600446）：2015 年 3 月上涨 56.34%，2015 年 4 月上涨 46.93%。

图 9-18

凯瑞德（002072）：2015 年 3 月上涨 56.34%，2015 年 4 月上涨 46.93%。

图 9-19

3. 牛市结束

上证指数：2015 年 5 月上涨 3.83%，2015 年 6 月下跌 7.25%。

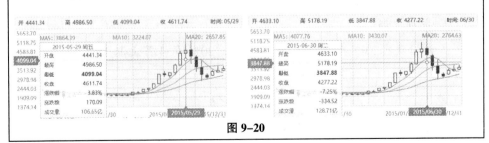

图 9-20

中国石油（601857）：2015年4月上涨14.15%，2015年5月下跌10.98%。

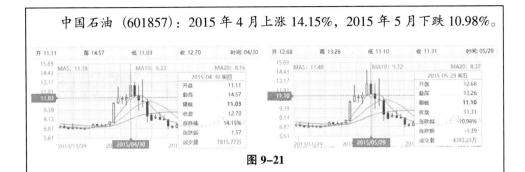

图 9-21

由此可见，上证指数5月上涨，中国石油2015年5月下跌，预示着小牛市已经结束，指数和股票开始盘整。

宝钢股份（600019）：2015年6月上证指数下跌，钢铁股反而涨了。2015年7月上证指数钢铁股也大跌了，预示着调整开始，可能进入熊市。

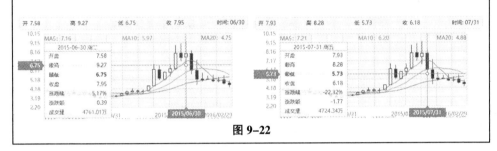

图 9-22

第六节　总结

恭喜您，通过本章的学习，投资者了解到历史的牛市时间节点。通常每5年左右就会有一波牛市。未来会不会按照这个规律出现牛市呢？我们也不知道未来的情况，为了防止错过牛市，5年左右的时间可以先建仓，待牛市真正启动再加仓，否则只能在高位上追涨买入了。

第十章 新闻相关

　　新闻内容的发布，可能会影响股票的价格。可能是短期的影响，也可能是长期的影响。

第一节 黄金价格与股票指数

　　黄金价格与 A 股股票指数存在着竞争的关系。一般来说，当股票行情好时，投资者会卖出黄金，买入股票，追求更高的收益；当股票行情不好时，投资者会卖出股票，买入黄金保值，追求更稳定的收益。

期货 COMEX 黄金

COMEX黄金 2018/10/11/四	
开盘	1198.30(0.02%)
最高	1230.00(2.66%)
最低	1194.70(-0.28%)
收盘	1227.70(2.47%)
涨跌	29.60(2.47%)
振幅	35.30(2.95%)

上证指数

2018-10-11 周四	
开盘	2643.07
最高	2661.29
最低	2560.32
收盘	2583.46
涨跌幅	-5.22%
涨跌额	-142.38
成交量	1.97亿

图 10-1

山东黄金

2018-10-11 周四

开盘	26.20
最高	27.01
最低	**25.36**
收盘	25.79
涨跌幅	-1.19%
涨跌额	-0.31
成交量	39.69万

图 10-1（续）

从上述 COMEX 黄金和上证指数看，貌似有点关联关系。从上述 K 线图看，走的行情都各不相同。并不是上证指数跌，期货 COMEX 黄金就涨；上证指数涨，期货 COMEX 黄金就跌。但 2018 年 10 月 11 日 COMEX 黄金大涨 2.47%，上证指数真的大跌 5.22%，这样又貌似显现出竞争的关系。如果说这是上证指数的股民卖出股票、买入期货黄金导致的，那么还需要未来更多的数据来验证和证实。

为了避免风险，个人认为 COMEX 黄金大涨，可以卖出股票；COMEX 黄金大跌，可以建仓买入股票。

第二节　增持和减持

股东和高管的增持和减持会影响股价涨跌吗？

实际情况告诉我们，在指数平稳或上升的情况下，增持后，未来一段时间通常会上升。减持后，未来一段时间通常会下跌。

也有股东减持，是为了引进新的股东，让出股票给新股东购买。

一、增持公告

在深圳交易所的官方 APP 应用上，可以查看到增持公告。以下为增持公告的示例[①]：

---

① http://www.szse.cn/disclosure/listed/bulletinDetail/index.html? cadbe507-7213-4227-9c1e-ed6508fddafd。

股票简称：新兴铸管　　股票代码：000778　　公告编号：2018-37

新兴铸管股份有限公司
关于控股股东增持公司股份及未来增持计划的公告

> 本公司及董事会全体成员保证公告的内容真实、准确、完整，没有虚假记载、误导性陈述或重大遗漏。

新兴铸管股份有限公司（以下简称"本公司"）于 2018 年 7 月 17 日深圳证券交易系统收盘后接到公司控股股东新兴际华集团有限公司（简称"新兴际华集团"）的通知，新兴际华集团通过二级市场增持了本公司的部分股份。现将有关情况公告如下：

一、增持的基本情况

1. 增持主体：新兴际华集团有限公司

2. 增持时间：2018 年 7 月 17 日

3. 增持方式：通过深圳证券交易所竞价交易系统增持。

4. 增持情况：增持数量 6482744 股，占公司总股本的 0.16%，成交金额 2741.00 万元，成交均价 4.23 元/股（保留两位小数）。

5. 持股情况：本次增持前，新兴际华集团持有本公司股份数量为 1556247737 股，占公司总股本的 39.00%；本次增持后，新兴际华集团持有公司股份数量为 1562730481 股，占公司总股本的 39.16%。

6. 资金来源：新兴际华集团本次增持资金为自有资金。

二、后续增持计划

基本对公司未来持稳健发展的信心及对公司价值的合理判断，新兴际华集团拟通过二级市场择机增持公司股份，计划在本次增持后 6 个月内累计增持股份比例不超过公司总股本的 2%（含本次已增持股份）。新兴际华集团为国务院国有资产监督管理委员会直接管理的国有独资企业，本次增持不需要经国务院国有资产监督管理委员会批准。

三、增持计划实施的不确定性风险

二级市场及公司股价波动可能导致后续增持计划的具体实施时间和价格存在一定不确定性。

四、其他事项

1. 新兴际华集团本次增持行为符合《证券法》《深圳证券交易所主板上市公司规范运作指引》及《关于上市公司大股东及董事、监事、高级管理人员增持本公司股票相关事项的通知》（证监发〔2015〕51号）等有关法律法规的规定。

2. 新兴际华集团及其一致行动人承诺在增持计划实施期间，将遵守中国证监会、深圳证券交易所关于上市公司股票买卖的相关规定，在增持期间及法定期限内不减持其所持有的本公司股份。

3. 本次增持计划实施后不会导致公司股权分布不具备上市条件。

4. 公司将根据《深圳证券交易所股票上市规则》《上市公司收购管理办法》和《深圳证券交易所主板上市公司规范运作指引》等的相关规定，持续关注新兴际华集团增持公司股份的有关情况，并及时履行信息披露义务。

特此公告

新兴铸管股份有限公司董事会

2018 年 7 月 18 日

二、增持行情案例

新兴铸管（000778）从 2018 年 7 月 18 日发布增持公告后，2018 年 7 月 18 日股价从收盘的 4.30 元涨到 2018 年 7 月 30 日股价收盘的 4.82 元，可见连续涨了 9 日，涨幅超过 10%。

由此可见，股东大量增持股票，是属于利好消息，通常股价会短期上涨。

图 10-2

三、减持公告

在深圳交易所的官方 APP 应用上，可以查看到减持公告。以下为减持公告的示例：[①]

证券代码：002584　　　证券简称：西陇科学　　　公告编号：2018-083

西陇科学股份有限公司
关于股东减持公司股份的公告

> 股东新疆名鼎股权投资管理合伙企业（有限合伙）保证向本公司提供的信息内容真实、准确、完整，没有虚假记载、误导性陈述或重大遗漏。
>
> 本公司及董事会全体成员保证公告内容与信息披露义务人提供的信息一致。

2018 年 8 月 27 日，西陇科学股份有限公司（以下简称“西陇科学”或“公司”）接到公司股东新疆名鼎股权投资管理合伙企业（有限合伙）（以下简称“名鼎投资”）的通知，2018 年 8 月 27 日，其通过深圳证券交易系统减持公司股份 4641563 股，占公司总股份的 0.79%。现将有关情况公告如下：

---

① http://www.szse.cn/disclosure/listed/bulletinDetail/index.html?d08bc22a-91b9-42cc-b65f-753356c5b0d2。

一、减持情况

1. 股东减持公司股份情况。

股东名称	减持时间	减持方式	减持股份来源	减持价格（元/股）	减持数量（股）	减持数量占公司总股本比例（%）
名鼎投资	2018 年 8 月 27 日	集中竞价交易	首次公开发行前股份	5.81~6.16	4641563	0.79

2. 股东本次减持前后持股情况。

股东名称	股份性质	减持前持股情况		减持后持股情况	
		持股数量	占总股本比例（%）	持股数量	占总股本比例（%）
名鼎投资	无限售条件股份	4641563	0.79	0	0
	首发前限售股	13924688	2.38	13924688	2.38
合计		18566251	3.17	13924688	2.38

二、其他相关说明

1. 本次减持遵守相关法律、法规、规律、业务规则的规定。

2. 名鼎投资承诺情况：

（1）自公司股票上市之日起 12 个月内，不转让或者委托他人管理其持有的本公司股份，也不由本公司回购其持有的股份。

（2）每年转让的公司股份将不超过所持有公司股份总数的 25%，并将及时向公司早报所持有的公司股份及其变动情况。

名鼎投资本次减持未违反其承诺。

三、备查文件

新疆名鼎股权投资管理合伙企业（有限合伙）减持记录。

特此公告。

西陇科学股份有限公司

董事会

2018 年 8 月 28 日

四、减持行情和案例

西陇科学（002584）从 2018 年 8 月 27 日发布减持公告后，2018 年 8 月 27 日股价从收盘的 6.05 元跌到 2018 年 8 月 31 日股价收盘的 5.23 元，可见调整了 4 日，跌幅超过 10%。

由此可见，股东大量减持股票，是属于利空消息，通常股价会短期下跌。按照历史数据来看，增持和减持通常会影响股价 10% 左右的涨幅或跌幅。根据图 10-3 减持的数据来看，第一周下跌 10% 后，第二周就已经涨回 10% 了。

图 10-3

什么是大非和小非解禁呢？

大非指的是股改后，对股改前占比例较大的非流通股。限售流通股占总股本 5% 以上者在股改两年以上非流通股可以流通。通常是企业的创始人和继承人、股本占比较大的投资人对企业拥有控制权。

小非指的是股改后，对股改前占比例较小的非流通股。限售流通股占总股本比例小于 5%，在股改一年后非流通股可以流通。通常是出资金的投资人，对企业没有控制权。解禁指的是非流通股变为流通股，即可以在股票市场上集中竞价交易卖出。

当公司上市，一年后就是小非解禁，两年后就是大非解禁。股票解禁后，就是许多资本家和企业家一夜致富的机会。解禁后，立马卖掉部分或者全部已经解禁的股票，将股票变为现金，一夜变为千万富翁。如表 10-1 所示：

表 10-1

减持价格区间（元/股）	减持数量（股）	减持数量占公司总股本比例（%）
5.81~6.16	4641563.00	0.79

减持最低价格 × 减持数量 = 5.81 × 4641563.00 = 26967481.03（元）。可见仅卖出 0.79% 股本，就可变现为 26967481.03 元。

案例：

    A 公司是上市公司，B 公司不是上市公司。A 公司收购了 B 公司，B 公司间接上市了。常理上，A 公司股东通常股份较多，股民称为大非解禁。B 公司股东通常股份较少，股民称为小非解禁。

五、小结

    不管股民是长线投资还是短线投资，都需要关注增持和减持的公告信息。对于大量增持的股票，股民可以关注，可视为建仓的机会；对于大量减持的股票，股民可以避免，不建议买入，需等待股价稳定后。大股东减持，可能企业的控制权会落入其他管理者手里，如果变更管理者，股价可能会大起大落。

    例如：万科 A（000002），万科股权之争是中国 A 股市场历史上规模最大的一场公司并购与反并购攻防战。

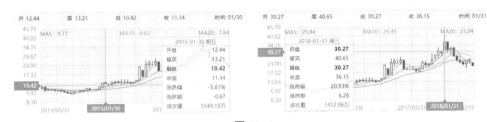

图 10-4

    股价从 2015 年 1 月 30 日的收盘价 11.34 元到 2018 年 1 月 31 日的收盘价 36.15 元，3 年时间涨了 300%，平均每年涨幅 100%。

    在这 3 年里，股东有增持，也有减持，总而言之，股价大起大落，简直就像坐过山车一样。在不知道平均每年会涨幅 100% 的情况下，相信当时很多人都是不敢操作和买入的，只是观望。就算敢买入，也不敢一直持到最高点。

第三节　降息与加息

降息是指银行利用利率调整来改变现金流动。当银行降息时，储户把资金存入银行的利息收益减少，所以降息会导致资金从银行流出，储户的存款变为投资或消费，结果是增加了资金流动性。

降息对于股票市场通常是利好。通常利好地产股、保险股。利率下调，对于地产股而言，有利于减轻人们分期付款购买房产的负担，有利于地产商销售房产获得流动资金，有利于调动人们买房的刚需，有利于降低地产商的盖楼成本。利率下调，对于保险股而言，有利于保险公司存量债券投资资产公允价值提升，使得保险公司资产负债表中资本公积增多和净资产增加，有利于保险公司偿付能力改善。

表 10-2

降息和加息时间	一年期存款基准利率		一年期贷款基准利率	
	调整前（%）	调整后（%）	调整前（%）	调整后（%）
2015-10-24	1.75	1.5	4.60	4.35
2015-08-26	2.00	1.75	4.85	4.60
2015-06-28	2.25	2.00	5.10	4.85
2011-07-07	3.25	3.50	6.31	6.56

降息和加息后，次日的股票行情。

表 10-3

时间	上证指数（收盘价）	上证指数幅度（%）	中国平安（%）	保利地产（%）
2015-10-26	3429.58	+0.50	−0.47	−1.31
2015-08-27	3083.59	+5.34	+10.01	+8.39
2015-06-29	4053.03	−3.34	−1.19	+0.10
2011-07-08	2797.77	+0.13	−0.23	+0.99

说明：从历年数据看，3 次降息后，只有 1 次大幅度上涨。1 次加息后，

指数竟然不下跌，还小幅度上涨。我发现每一次降息或加息后，股票的行情还将会有一波下跌。通过降息和加息来维稳 A 股行情，使得流入和流出证券市场的资金可控。

无论是否准确，降息可以适当地建仓，加息可以适当地减仓。

第四节　利润增加

新闻内容：某银行披露三季度业绩：公司前三季度实现营业收入 4000 亿元，同比增长 11%。归属于上市公司股东的净利润 1800 亿元，每股收益 0.8 元，同比增长 8%。报告期末，不良贷款率 3%，较上年末下降 0.4%。拨备覆盖率 200%，较上年末上升 38%。

结果：发布新闻内容后，通常次日开盘股价上涨，可见是利好新闻。如果是流通市值 500 亿以下的股票，相信会涨停。如果是流通市值 5000 亿以上的股票，相信只会涨 1% 左右。不在牛市里，盘子越大，越难涨停。不在牛市里，盘子越小，越容易涨停。

上市公司发布利润增加的新闻，可以适当地建仓。

上市公司发布利润减少的新闻，可以适当地减仓。

第五节　分红送股配股

一、分红

分红是股份公司在盈利中每年按股票份额的一定比例支付给投资者的红利，是上市公司对股东的投资回报。分红是将当年的收益，在按规定提取法定公积金、公益金等项目后向股东发放，是股东收益的一种方式。目前分红主要有两种方式：一种是现金分红；另一种是红利再投资。

例如，某股票分红前的收盘价为：11 元，分红方案为：10 派 2 元，则该分红后股价（也称除权除息价）为：11 元 − 2 ÷ 10 = 10.8 元。

二、配股

配股是指向原股票股东按其持股比例、以低于市价的某一特定价格配售一定数量新发行股票的融资行为。配股通常是为了降低股票的市盈率或股票的平均持有成本。

通常，上市公司公布配股消息后，股票价格会下跌。

例如，某股票现价 20 元，规定配股价 11 元，实施 10 股配 10 股。股民 A 目前持有 1000 股，即价值 2 万元。配股后，股民需要拿出 11000 元（1000 股 × 11 元）购买配股 1000 股。除权后，价格变成（20000 元 + 11000 元）÷ 2000 股 = 15.5 元/股。

如果股民 A 购买的配股，投资额度则加大了，但收益为零，是企业融资的行为。

如果股民 A 没有购买配股，20 元 × 1000 股 − 15.5 元 × 1000 股 = 4500 元，相当于损失了 4500 元。

所以，不建议股民持有多只股票，持有多只股票，配股的新闻消息可能会错过，一旦错过配股时间，那么投资者就损失大了。

三、送股

送股亦称"派股"，是股份有限公司或上市公司向股东赠送股份。送股仅仅是稀释股本，降低股价，可以看作是降低股票价格便于投资者买卖，没有其他实质意义。

像一些新股民和老股民，老股民跟你说收益是说赚了的百分比，如 10%、20%。新股民跟你说收益是说股价涨了多少钱，如涨了 1 元、2 元。比如 100 元的股涨 1 元、2 元，都没有 10%；比如 1 元的股涨 1 元就赚 100% 了。

如果你是机构，你购买一些价格较高的股票，跟新股民说赚了多少块钱（可能没有 1%），这些新股民都愿意成为你的客户。

例如，房子 100 平方米，每平方米要 10 万元，房子总价要 1000 万元一套。人们买不起，就需要把房子缩小，变为 10 个 10 平方米，每平方米仍要

10 万元的房子，房子总价就变为 100 万元一套，这样可能就会很快地卖出房子了。

如果地产商不愿意将 100 平方米的 1 个房子变为 10 个 10 平方米的房子也没关系，就变成了现在的众筹模式。你去找 10 个愿意出 100 万元投资的人，你筹到 1000 万元后就去购买这套 100 平方米的房子。

房价虽然没有变，但实际降低了每个购房者的付出水平。虽然住的房子小了，但总算有个房子可以生活。

第六节　上升或下降股票印花税

股票印花税下降，通常次日股票会大涨。

实行日期	股票印花税	上证指数	深证成指
2008-09-19	单边征税（下降）	+9.45%	+9.00%

2008-09-19 周五		2008-09-19 周五	
开盘	2067.64	开盘	7110.77
最高	2075.09	最高	7154.00
最低	**2043.32**	最低	**7049.38**
收盘	2075.09	收盘	7154.00
涨跌幅	9.45%	涨跌幅	9.00%
涨跌额	179.25	涨跌额	590.93
成交量	5843.35万	成交量	6672.52万
（上证指数）		（深证成指）	

图 10-5

股票印花税下降新闻原文：

关于做好证券交易印花税征收方式调整工作的通知

时间：2008-09-18

各会员单位：

经国务院批准，财政部、国家税务总局决定从 2008 年 9 月 19 日起，调整证券（股票）交易印花税征收方式，将现行的对买卖、继承、赠予所书立的 A 股、B 股股权转让书据按千分之一的税率对双方当事人征收证券

（股票）交易印花税，调整为单边征税，即对买卖、继承、赠予所书立的 A 股、B 股股权转让书据的出让方按千分之一的税率征收证券（股票）交易印花税，对受让方不再征税。

请各会员单位做好相关调整工作，如遇问题，及时与本所联系。

深圳证券交易所

二〇〇八年九月十八日

新闻来源：http://www.szse.cn/disclosure/notice/general/t20080918_500137.html。

股票印花税上升，通常次日股票会大跌。

实行日期	股票印花税	上证指数	深证成指
2007-05-30	现行1‰调整为3‰	-6.50%	-6.16%

2007-05-30 周三

开盘	4087.41
最高	4275.24
最低	4015.51
收盘	4053.09
涨跌幅	-6.50%
涨跌额	-281.83
成交量	1.86亿

（上证指数）

2007-05-30 周三

开盘	12651.20
最高	13333.90
最低	12425.50
收盘	12627.20
涨跌幅	-6.16%
涨跌额	-829.40
成交量	1.70亿

（深证成指）

图 10-6

股票印花税上升新闻原文：

关于做好交易相关系统印花税率参数调整的通知

时间：2007-05-30

各会员单位：

经国务院批准，财政部决定从 2007 年 5 月 30 日起，调整证券（股票）交易印花税税率，由现行 1‰调整为 3‰。即对买卖、继承、赠予所书立的 A 股、B 股股权转让书据，由立据双方当事人分别按 3‰的税率缴纳证券（股票）交易印花税。

　　请各会员单位做好交易相关系统的参数调整工作，如遇问题，及时与本所联系。

深圳证券交易所

2007 年 5 月 30 日

新闻来源：http：//www.szse.cn/disclosure/notice/general/t20070530_499833.html。

　　总之，股票印花税上升和下跌，非常适合短线投资者。印花税下降，则建议今天买入，明天卖出。印花税上升，则建议今天卖出，过一段时间跌得差不多就买入。避开下跌空间，赚上涨空间，应该没有什么问题的，可以多买几杯柠檬茶喝。

第七节　财务造假

　　财务造假通常是虚增营收 1.88 亿元、虚增利润 4023 万元，隐瞒部分生产线停产事项。

　　常见的虚增营收和虚增利润的方法如图 10-7 所示。

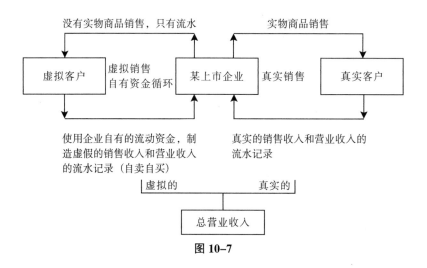

图 10-7

　　简单点说：业余有时间，许多个人都会做个网店，由于网店刚开张，没有什么用户，也没有什么信誉度。很多网店店主就会找朋友帮忙刷好评，朋友支付时的资金也是网店店主给的，账户是朋友本人的。那么一个月下来，营业额度就有 10 万元，但 10 万元都是店主的自有资金在流来流去，根本没有利润。这样网站的信誉度，外人看起来就提高了，店主就有钻石和皇冠的信誉度。

那么，如果换成是大企业和上市公司这样做，财报就非常漂亮了，想要今年有 1 亿元营业额就有 1 亿元营业额，想要明年有 10 亿元营业额就有 10 亿元营业额。

人每天吃饭都有递增是不可能做到的，如果做到了，那么 10 岁每天吃一碗饭，20 岁每天就要吃 2 碗饭，30 岁每天就要吃 3 碗饭，40 岁每天就要吃 4 碗饭，50 岁每天就要吃 5 碗饭，这样基本不可能做到。企业的财务报表年年都有一些提升是怎么做到的呢？也许也是使用这种方法或其他方法吧，这样的做法也有点像经济学里资产证券化的做法。

案例：

图书馆印了 100 元的图书券，65 元卖给了经销商，经销商 80 元卖给了消费者 Cloudy，消费者 Cloudy 再将图书券送给消费者 BB，消费者 BB 又以 40 元卖给了黄牛，图书馆最后以 50 元向黄牛收购（回购）。

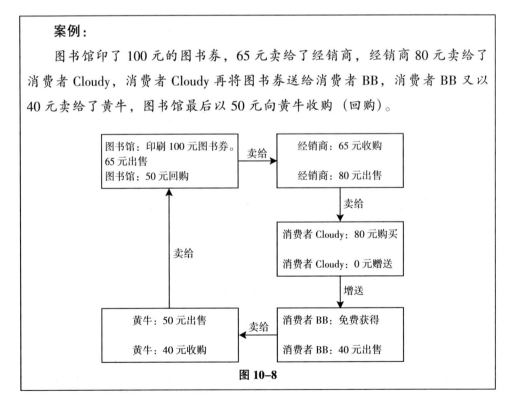

图 10-8

> 整个过程形成了一个货币的循环，中间根本没有图书出现过，空转一圈就形成了一个钱生钱的虚拟经济，就是图书的证券化。
>
> 收益分析：最后图书馆赚了 15 元（65 元卖给了经销商-50 元向黄牛收购=15 元）。经销商赚了 15 元（80 元经销商卖给了消费者 Cloudy-65 元经销商向图书馆购买图书券）。消费者 Cloudy 赚了 20 元（花 80 元就得到价值 100 元的图书券，赚得了消费者 BB 的人情牌）。消费者 BB 赚了-40 元（免费得到的图书券，40 元卖给了黄牛）。黄牛赚了 10 元（50 元出售给图书馆 40 元向消费者 BB 收购）。

可见，图书馆不需要销售实体的图书，企业的财务报表就有利润。同理，通过资产证券化，上市企业就可以达到年报年年上涨。这样漂亮的年报，投资者和机构买不买这样公司的股票？

第八节　股权之争

股权之争，对于企业管理人员来说是不利的消息。因为如果被别人抢了筹码，那么目前的管理人员可能就会换人，原先管理人员就会失业或降职。企业的商业战略可能会发生改变。

对于股民来说肯定是利好的消息。企业管理人员需要资金抢筹码，股权之争的机构也需要资金抢筹码。抢筹码需要以更高的股价买入股票，股价会越抢越高。对于持股票不争控制权的投资者，获利是无可厚非的。至于能赚多少呢？曾经有个流通市值 2000 亿左右的股票，从股价 10 元左右最高涨到股价 40 元左右，涨了近 400%。

避免股权之争的常见方法：

一、扩股

扩股是指企业向社会募集股份、发行股票、新股东投资入股或原股东增加投资扩大股权，从而可以增加企业的流动资金，管理层有机会扩大持股比例，常见的扩股方式有：定向增发的扩股方式、二级市场（交易市场）增持股份、其他股东转让股份签署的协议。

例如，扩股前，A 公司分为 1 万股即 100% 股份。股东 X 有 2000 股即拥有 20% 股份，股东 Y 有 3000 股即拥有 30% 股份，股东 Z 有 5000 股即拥有 50% 股份。

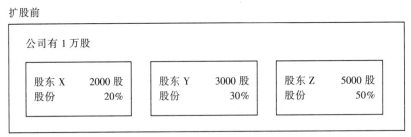

图 10-9

扩股后，A 公司分为 2 万股，股东 X 有 2000 股即拥有 10% 股份，股东 Y 有 3000 股即拥有 15% 股份，股东 Z 有 5000 股即拥有 25% 股份。可见，原股东拥有的股数没有变化，价值也没有变化，但是股份占比少了，即控制权少了。如果股东 G 新买入 1 万股即拥有扩股后的 50% 股份。达到一定的股份占比后，股东 G 拥有绝对的控制权后，可以将股东 X、股东 Y、股东 Z 踢出董事局。

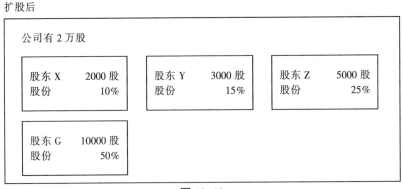

图 10-10

二、股东签署协议

新入场的股东签署协议，协议中增加一些条款，防止新股东快速地获得控制权。

例如，新增一些协议条款，新股东需连续持股超过 12 个月，并且持有公司 3% 以上股份，经董事会审议通过后拥有提案权与投票权。即原股东控制董事会，就可稳定拥有公司的控制权。

现在有些上市公司的创造人已经套现了很多资金，拥有的股份可能已经少于 10%，但地位还是很稳固，可能就是协议条款增加一些内容，防止新入的股东快速得到公司的控制权。

三、资产重组

资产重组是指企业资产的拥有者、控制者与企业外部的经济主体进行的，对企业资产的分布状态进行重新划分、组合、调整、配置的过程，将企业资产上的权利进行重新组合和配置的过程。通过资产重组的方式加强对公司的控制权。

例如，当管理层在 A 公司拥有的股权只有 20%，管理层在 B 公司拥有股权 100%，B 公司进行资产重组，B 公司发行股份，使得 B 公司持有 A 公司的股份 47%。由此可见，B 公司持有 A 公司 47% 股权，管理层持有 A 公司 20% 股权，那么这群管理层总共持有 A 公司 67% 股权，即拥有 A 公司的绝对控制权。

四、双层股权结构

双层股权结构公司股票通常区分为 A 类普通股与 B 类普通股。

企业上市前将股票分为 A 类普通股与 B 类普通股，向所有外部投资人发行的均为 A 类股，每股只有 1 个投票权。

创始人和高管持有 10 个投票权为 B 类股。通常拥有 B 类股 1/3 的股票，企业的创始人和高管即可稳定拥有企业的控制权和决策权。目前双层股权结构通常由国外上市的企业使用。

五、修订公司章程

有的上市公司为了可以修订公司章程，持续地增持股份，直至可以修订公司章程。符合《公司法》规定的前提下通过合理修改章程的方式来保护管理层的控制力，确实是可行的方式，但公司章程到底怎么改，还需要企业和律师共同研究探讨方案，达到合法合规有效的效果。

例如，许多国内国外的上市公司，都会有开曼群岛设立集团公司，因为英国开曼群岛的公司法对公司特别事项的表决没有具体持股比例的限制，所以上市企业的股东可以对公司特别事项的通过约定一个较高的持股比例。在公司章程里增加的内容，关于合伙人的董事提名权和相关条款，该修改事项必须要在股东大会上得到出席股东大会的股东所持表决票数95%以上的同意。

六、董事会管理公司，合伙人决定董事会

上市公司50%的董事由合伙人提名，股东大会从提名的候选董事中选举董事。

永久合伙人始终有权提名董事。

简而言之，合伙人总能让自己人成为董事，从而控制了公司50%以上的董事，这样就能控制董事会并管理公司。

例如，一个企业选优秀员工，领导管理了100个人，员工C做得很优秀，但领导每次都把员工A和员工B提名给老板。老板只能在员工A和员工B中选优秀员工。优秀员工怎么选取都是领导自己的人。

七、买不买股权之争的股票

股民看到股权之争的上市企业，如果发现有上述情况出现，股价可能会暴涨暴跌，股民们可以建仓一点点，万一暴涨400%，那就赚大了。万一暴跌400%，只是建了一点点仓位，亏光了也不怕。

当股票的股价几年一直稳定不涨，公司财务报表也不错，出现股权之争，那么大胆地买多一点股票。当股票的股价几年一直下跌，但公司财务报表也不错，出现股权之争，那么也可以买一点股票。就像企业请的一群经理人，

几年下来一直改善不了公司收入的状况。突然企业换了一群经理人，可能企业未来几年就改善了公司收入的状况。A 股的股票每天有上涨和下跌幅度 10%的限制，最多也就跌 80%，就看你能不能冒这个风险。

第九节　利好和利空

表 10-4

新闻类型	影响时效	内容	利好和利空
融资	中期	可转债预案公布	重大利好
融资	短期	金融债发行结果	中性消息
融资	短期	金融债获准发行	利好
融资	短期	公司债票面利率公告	中性消息
融资	短期	公司债募集说明书	中性消息
融资	中期	公司债发行公告	利好
融资	短期	公司债信用评级报告	中性消息
融资	短期	募集资金补充流动资金	利好
可转债	长期	摊薄即期回报及填补措施	中性消息
派现	短期	实施派现预案	利好
大会决议	短期	董事会决议	中性消息
大会决议	短期	临时股东大会决议	中性消息
人事变动	短期	高管任职获准	中性消息
人事变动	短期	董事离职	利空
年报	短期	利润大增	利好
年报	短期	利润大减	利空
业绩预告	短期	业绩大增	利好
业绩预告	短期	业绩大减，业绩预亏	利空
限售流通	短期	限售解禁公告提示日	利空
变更	短期	保荐人变更	中性消息
关联交易	短期	交易细节披露说明	中性消息
经营数据	长期	月度经营简报	中性消息
重组	短期	停牌重组	中性消息

新闻类型	影响时效	内容	利好和利空
重组	长期	停牌重组成功	利好
重组	长期	停牌重组失败	利空
抵押担保	短期	提供正常担保	中性消息
抵押担保	短期	质押股权	利好
传闻	中期	利好传闻	重大利好
传闻	中期	利空传闻	重大利空
股权变更	长期	股权转让完成	中性消息
对外投资	长期	购买资产进展	中性消息
项目投资	长期	设立产业基金	中性消息
股权之争	短期	公司股票被举牌	利好
对外投资	短期	要约收购豁免	重大利好
对外投资	中期	撤销增资	利空
对外投资	中期	设立子公司	利好
股东变更	短期	实际控制人变更	利好
法律事件	中期	整改报告	利空

上述仅供参考。

第十节　总结

恭喜您，通过本章的学习，了解到各种新闻出来后，哪些新闻会影响股票价格上涨或下跌，拥有了初步的判断能力。所以我们平时有时间要多看新闻报道，对股民也是非常有帮助的。

机构大量建仓，必须要令股价下跌，才能利润最大化。怎么才能令股价下跌呢？例如，将某上市公司的不利新闻放出来，而且放大。小股民听到这些消息肯定纷纷逃出。那么机构就可以有筹码买入，而且还能在较低价格买入。

机构大量减仓，必须要令股价上涨，才能将股票转为真实的资金。为什么要令股价上涨呢？例如，机构持有大量某上市公司股票，短时间是不可能卖出的。例如，将某上市公司的利好新闻消息放大化。大量小股民听到这些消息就会买入，那么机构就可以在高价卖出套现，并且不影响股价大幅下跌。

不管是利好新闻还是利空新闻，投资者都需要有一定的分析能力。有些利好新闻，其实是利空新闻；有些利空新闻，其实是利好新闻；毕竟股票市场，一山还有一山高，很难保证每次买入都能赚钱，偶尔也有经验丰富的机构聪明反被聪明误。

证券市场也是一片大海，而不是一个小池塘。证券市场也会有不怎么涨、不怎么跌之时，也有大涨和大跌之时。如果没有大涨和大跌，那就不是证券市场了。经历了无数次的牛市和熊市，证券市场依旧在那儿！所以，为了支持我国的证券市场良好地发展，建议有闲置资金的读者可以投资一些。记住是闲置资金，不要把日常生活所需的资金也投进去了，不然亏损光了，饭都吃不饱了。待经济好转，相信证券市场也许会双倍地回馈给投资者的。

第十一章 各种 K 线讲解

第一节 K 线

一、K 线的定义

为什么股民叫作"K 线"呢？

实际上，在日本的"K"并不是写成"K"字，而是写作"罫"（日本音读 kei），K 线是"罫线"的读音，K 线图叫作"罫线图"，西方以英文 Kei 第一个字母"K"直译为"K 线"，K 线就是这样发展而来的，所以现在的投资者叫作 K 线。

二、如何绘制 K 线呢

（一）绘制 K 线的方法

首先找到该日或某一周期的最高价和最低价，这两个点垂直地连成一条直线。然后再找出当日或某一周期的开盘价和收盘价，把这两个价位连接成一条狭长的长方柱体。

如果当日或某一周期的收盘价大于开盘价（即低开高走），颜色就以红色来表示上涨，或者在柱体上留白色，这种柱体就称为"阳线"。

如果当日或某一周期的收盘价小于开盘价（即高开低走），颜色就以绿色表示下跌，或者在柱上涂黑色，这种柱体就称为"阴线"。

如果是阳线，在最高价与收盘价之间的线称为上影线。如果是阴线，在最高价与开盘价之间的线称为上影线。

如果是阳线，在最低价与开盘价之间的线称为下影线。如果是阴线，在最低价与收盘价之间的线称为下影线。

（二）阳线案例

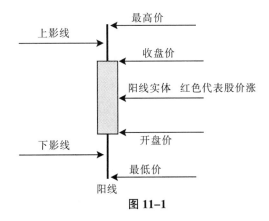

图 11-1

说明：收盘价 > 开盘价，为阳线。例如，收盘价 5.5 元大于开盘价 5 元，为阳线。

（三）阴线案例

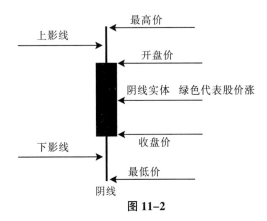

图 11-2

说明：收盘价 < 开盘价，为阳线。例如，收盘价 5 元小于开盘价 5.2 元，为阴线。

第二节 MACD

一、MACD 线的定义

MACD 英文全称是 Moving Average Convergence and Divergence，中文全称是指数平滑移动平均线。MACD 是由双指数移动平均线发展而来的，由快的指数移动平均线（EMA12）减去慢的指数移动平均线（EMA26）得到快线DIF，再用 2×（快线 DIF–DIF 的 9 日加权移动均线 DEA）得到 MACD 柱。

MACD 的意义和双移动平均线大致相同，都是由快、慢移动平均线的离散、聚合表示当前的多空状态和股价可能的发展变化趋势，更便于投资者阅读。

当 MACD 从负数转向正数，股票是买的信号。

当 MACD 从正数转向负数，股票是卖的信号。

当 MACD 以大角度变化，表示快的移动平均线和慢的移动平均线的差距非常迅速地拉开，代表了一个市场大趋势的转变。

二、常见公式

DIFF = 短的移动平均线 – 长的移动平均线 = EMA（SHORT）– EMA（LONG）

三、如何查看 MACD 指标

（1）MACD 金叉：DIFF 值≈DEA 值，DIFF 线是由下向上与 DEA 线相交，则是买入信号。

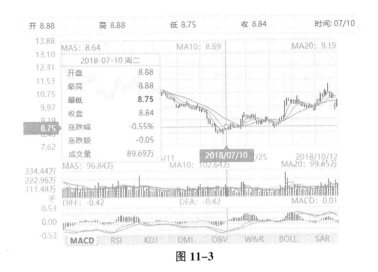

图 11-3

如图 11-3 所示，DIFF =-0.42 ≈ DEA =-0.42，DIFF 蓝色线由下向上与 DEA 橙色线相交，后面的行情上涨。

（2）MACD 死叉：DIFF 值 ≈ DEA 值，DIFF 线是由上向下与 DEA 线相交，则是卖出信号。

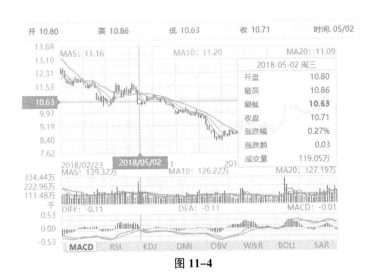

图 11-4

如图 11-4 所示，DIFF =-0.11 ≈ DEA =-0.11，DIFF 蓝色线由上向下与 DEA 橙色线相交，后面的行情下跌。

（3）MACD 绿转红：MACD 值由负变正，市场由空头转为多头，即看涨。

图 11-5

如图 11-5 所示，MACD 从 -0.04 变为 0.01，后面几个交易日涨了。

（4）MACD 红转绿：MACD 值由正变负，市场由多头转为空头，即看跌。

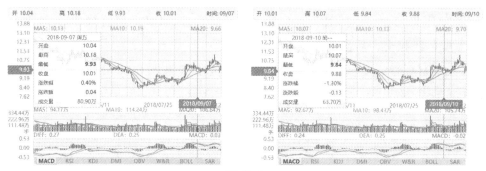

图 11-6

如图 11-6 所示，MACD 从 0.03 变为 -0.02，后面几个交易日跌了。

（5）DIFF 和 DEA 的数值从正数变成负数或者从负数变成正数都不是交易买卖信号，而是表示该股票落后于市场，股票不活跃。

（6）MACD 是投资者分析的其中一种方法，仅仅靠 MACD 数据判断是否买卖而获得盈利，是不可靠的。因为市场无常，并且 DEA 线判断时失误率也较高，需要投资者结合 RSI 线和 KDJ 线等指标分析，以弥补 MACD 线的缺点。

第三节　RSI

一、RSI 线的定义

RSI 的原理是以数字计算的方法求出买卖双方的力量对比。例如有 100 个人面对一件商品，如果 50 个人以上要买，竞相抬价，商品价格必涨。相反，如果 50 个人以上争着卖出，商品价格自然下跌。

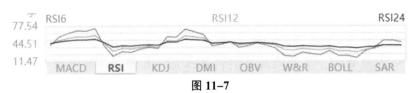

图 11-7

在 RSI 的线上，我们经常看到 RSI6、RSI12 和 RSI24。RSI6 指的是 6 日相对强弱指标。RSI12 指的是 12 日相对强弱指标。RSI24 指的是 24 日相对强弱指标。也有的网站使用 RSI1、RSI2、RSI3 表示，RSI1 等同于 RSI6，即指的是 6 日相对强弱指标。RSI2 等同于 RSI12，即指的是 12 日相对强弱指标。RSI3 等同于 RSI24，即指的是 24 日相对强弱指标。

图 11-8

由图 11-8 可见，RSI6 蓝线在三条线上面，一般为股票上升期。

RSI6 蓝线在三条线下面，一般为股票下跌期。RSI6 线、RSI12 线和 RSI24 线相交时，则股票选择方向。通常 RSI6 线由下向上穿过 RSI12 线、再穿过 RSI24 线，则股票向上涨。上涨一段时间后，RSI6 线由上向下与 RSI12 线相交，则股票向下跌。

二、常见公式

RS = X 天的平均上涨点数 ÷ X 天的平均下跌点数

$RSI = 100 \times RS/(1 + RS)$　或　$RSI = 100 - 100 \div (1 + RS)$

示例：

第一天跌 0.07，第二天跌 0.07，第三天跌 0.03，第四天跌 0.23，第五天涨 0.05，第六天跌 0.07（涨跌点数 = 收盘价 - 开盘价）。

2018-08-10 周五		2018-08-13 周一		2018-08-14 周二	
开盘	9.30	开盘	9.12	开盘	9.03
最高	9.32	最高	9.16	最高	9.04
最低	9.16	最低	8.90	最低	8.94
收盘	9.23	收盘	9.05	收盘	9.00
涨跌幅	-0.65%	涨跌幅	-1.95%	涨跌幅	-0.55%
涨跌额	-0.06	涨跌额	-0.18	涨跌额	-0.05
成交量	42.42万	成交量	81.85万	成交量	43.02万

2018-08-15 周三		2018-08-16 周四		2018-08-17 周五	
开盘	9.02	开盘	8.73	开盘	8.88
最高	9.02	最高	8.89	最高	8.94
最低	8.75	最低	8.64	最低	8.78
收盘	8.79	收盘	8.78	收盘	8.81
涨跌幅	-2.33%	涨跌幅	-0.11%	涨跌幅	0.34%
涨跌额	-0.21	涨跌额	-0.01	涨跌额	0.03
成交量	67.04万	成交量	63.83万	成交量	64.95万

图 11-9

（1）6 天的平均上涨点数 = 6 天上涨点数相加 ÷ 6 = 0.05 ÷ 6 ≈ 0.008（精确到小数点后三位）。

（2）6 天的平均下跌点数 = 6 天下跌点数相加 ÷ 6 = 0.47 ÷ 6 ≈ 0.078（精确到小数点后三位）。

（3）相对强度 RS6 = 6 天的平均上涨点数 ÷ 6 天的平均下跌点数 = 0.008 ÷ 0.078 = 0.103。

（4）RSI6 = 100 × RS6/（1 + RS6）= 100 × 0.103/（1 + 0.103）= 9.338。

（5）RSI6 = 100 − 100 ÷（1 + RS6）= 100 − 100 ÷（1 + 0.103）= 9.338。

所以，6 天的强弱指标 RSI6 = 9.338。

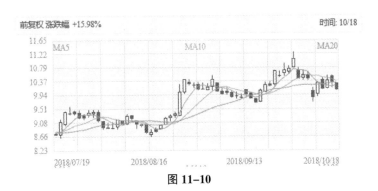

图 11-10

RSI6=9.338 属于股票超卖现象，从第七天起股票价格连续上涨超过 10%。

三、如何查看 RSI 指标呢

RSI 强弱指标通常分为极强、强、中、弱、极弱。

（1）依据 RSI 公式计算，RSI 强弱指标范围的值通常在 0~100 间。

（2）RSI 为 0~20 时，强弱指标属于极弱，股价可能会止跌回升，股价基本为底部。

（3）RSI 为 20~40 时，强弱指标属于弱，股票仍然在选择方向。在牛市时，可以建仓；在熊市时，可能继续下跌。

（4）RSI 为 40~60 时，强弱指标属于中性，买盘和卖盘基本差不多，股价没有太大的涨幅和跌幅。

（5）RSI 为 60~80 时，强弱指标属于强，股票短线还有上涨空间，股价即将到顶部。

（6）RSI 为 80~100 时，弱指标属于极强，股票严重超买的警戒区，股价基本到顶部。

由此可见，从 RSI 强弱指标能够清楚地知道买方和卖方的方向，可以在股价比较低的机会买入股票，在股价比较高的机会卖出股票。除 RSI 指标外，还可结合 MACD、KDJ、DMI、OBV、W&R、BOLL、SAR 指标分析，可以有更加多的准备。

第四节　KDJ

一、KDJ 线的定义

KDJ 指标也叫作随机指标，最早起源于期货市场，由美国的乔治·莱恩（George Lane）首创，是一种较为新颖、实用的技术分析指标，它原先用于期货市场的分析，后来被广泛用于股票市场的中短期趋势分析，目前是期货和股票市场上最常用的技术分析方法。

随机指标 KDJ 一般是用于股票分析的统计体系，根据统计学原理，通过一个特定的周期内出现过的最高价、最低价及最后一个计算周期的收盘价及这三者之间的比例关系，来计算最后一个计算周期的未成熟随机值 RSV，然后根据平滑移动平均线的方法来计算 K 值、D 值与 J 值，并绘成曲线图来研判股票走势。由此可见，KDJ 指标却融合了移动平均线的思想，目前通常KDJ 是波动于–10~110 间的超买超卖指标，可以准确判断买卖信号。

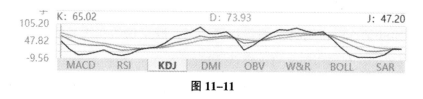

图 11–11

二、常见公式

n 日 RSV =（第 n 日收盘价 – n 日内的最低价）/（n 日内的最高价 – n 日内的最低价）× 100

　　当日 K 值 = 2/3 × 前一日 K 值 + 1/3 × 当日 RSV

　　当日 D 值 = 2/3 × 前一日 D 值 + 1/3 × 当日 K 值

当日 J 值 = 3 × 当日 K 值 − 2 × 当日 D 值

三、如何查看 KDJ 指标呢

（1）KDJ 适用于交易活跃的股票。以前期货通常是波动于 0~100 间，目前股票通常是波动于 −10~110 间。

（2）一般情况下，当 K 值 < 60 时，且 K 值 > D 值，股票短期上涨的概率较大。

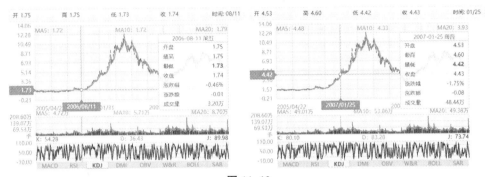

图 11-12

2006 年 8 月 11 日~2007 年 1 月 25 日接近 6 个月的时间里，平安银行（000001）从 1.75 元涨到 4.53 元。

当 K 值 > 60 时，K 值 < D 值，股票上涨已经接近到顶的概率较大，上涨空间较少了，注意回落风险。2007 年 1 月 25 日的 K 值 = 80 时，K 值 < D 值，从图 11-12 可见后续确实下跌了一段时间。

当 K 值 > 85 时，基本是股票的顶部，不建议买入此类股票，但是适合短线投资，风险极高。

（3）一般情况下，较稳定的方法：当 K 值 < 15 时，买入股票。当 K 值 > 60 时，卖出股票。但是持股的时间需要较长。短则 6 个月，长则 5 年或以上。

如图 11-13 所示，红豆股份（600400）日期为 2011 年 12 月 30 日时，K 值为 13.92，股票为 1.57 元。通过 4 年时间，即日期为 2015 年 12 月 31 日时，K 值为 71.64，股票为 6.5 元。按此种稳定的方法，用了 4 年时间，翻了接近 4 倍，平均每年利润 100%。

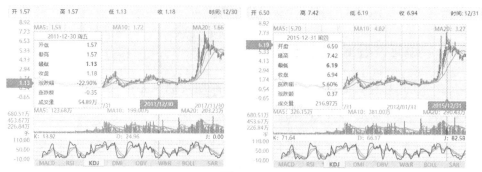

图 11-13

（4）KDJ 的 J 值也在-10~110 间。J 值指标为依据 K 值、D 值买卖信号是否可以采取行动提供可信判断。通常，当 J 值大于 100 或小于 10 时被视为采取买卖行动的时机。

2011 年 12 月 30 日的 J 值为 0 视为买入时机。2015 年 12 月 31 日的 J 值为 82.58 视为卖出时机。即 J 值越小就是买入时机，J 值越大就是卖出时机。

（5）K 线与 D 线的交叉突破在 20 以下或 80 以上时较为准确。当这种交叉突破在 50 左右发生时，表明股价走势震荡，正在寻找突破方向。此时，K 线与 D 线的交叉突破所提供的买卖信号无效或不准确。 K 线、D 线和 J 线交叉，指的是 K 值≈D 值≈J 值。

（6）由于 KDJ 指标，涉及 RSV 的数据。从计算公式上看，包括了收盘价、最低价、最高价的数据。KDJ 线不排除机构自己倒买倒卖，从而人为做出漂亮的 KDJ 线。例如，机构底仓有 200 万股，上午开盘机构再买进 100 万股，股价涨了 2%，此时机构拥有 300 万股，其中 200 万股底仓可以卖出，100 万股刚买进要次日才可卖。下午开盘机构卖出 200 万股，此时股价跌了 4%，即从+2%变为-2%。那么最高价、最低价、收盘价就基本控制了。

第五节　DMI

一、DMI 线的定义

DMI 指标称为"动向指标"或"趋向指标"，其全称为 Directional Movement Index，简称 DMI，是由美国技术分析大师威尔斯·威尔德（Wells Wilder）创造的，是一种中长期股市技术分析（Technical Analysis）方法。

DMI 指标是通过分析股票价格在涨跌过程中买卖双方力量均衡点的变化情况，即多空双方的力量的变化受价格波动的影响而发生由均衡到失衡的循环过程，从而提供对趋势判断依据的一种技术指标。

DMI 指标通常适合中长线投资者使用，短线投资人不适合使用。

二、常见公式

图 11-14

DMI 指标的计算方法和过程相比 MACD、RSI、KDJ 复杂，它涉及 PDI、MDI、ADX、ADXR。

PDI 也有人称为+DI，上升方向线。

MDI 也有人称为-DI，下降方向线。

ADX，ADX 就是 DX 的一定周期 n 的移动平均值。

ADXR，ADXR 是计算评估数值，ADXR =（当日的 ADX + 前 n 日的 ADX）÷ 2（n 为选择的周期数）。

三、如何查看 DMI 指标呢

（1）PDI：PDI > MDI 股票行情通常上涨。PDI 从 20 上升到 50 时，股票可能有一波上涨行情。

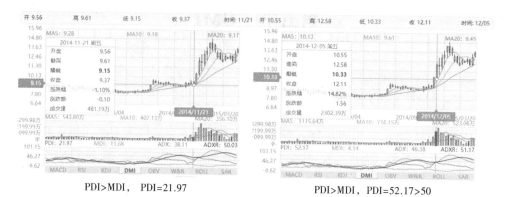

PDI>MDI，PDI=21.97　　　　　　　　PDI>MDI，PDI=52.17>50

图 11-15

（2）MDI：PDI < MDI 股票行情通常下降。MDI 从 20 上升到 50 时，股票可能有一波下跌行情。

这一条规则貌似不太准确，笔者找了好多个股票，均没对上此规则。MDI 值仅为 2.17，就开始下跌的行情了。

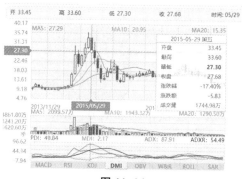

图 11-16

（3）ADX 和 ADXR：ADX 值在 20~60 间，属于中性，买方和卖方实力大体相等，可能会轮换位置（股民称换庄）。在换庄的过程中，可能会大涨或大跌。

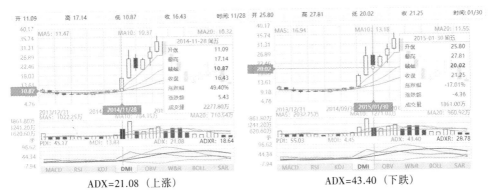

ADX=21.08（上涨）　　　　　　　　ADX=43.40（下跌）

图 11-17

当 ADX < ADXR 时，突然转变为 ADX > ADXR，即 ADX 从下面穿过 ADXR，形成的交叉称为金叉。通常股票价格上涨。

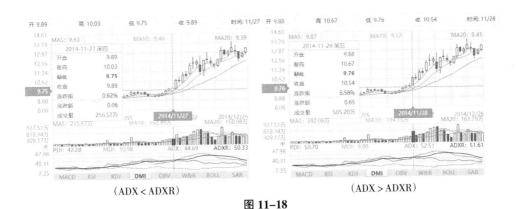

（ADX < ADXR）　　　　　　　　　　　（ADX > ADXR）

图 11-18

ADX 和 ADXR 均在 50 以上时，股票价格可能会有一波上涨的行情。

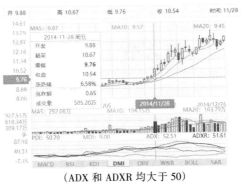

（ADX 和 ADXR 均大于 50）

图 11-19

ADX 和 ADXR 在 90 左右时，股票价格可能会下跌调整了。

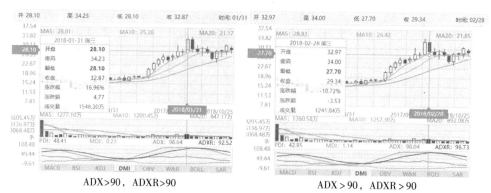

ADX>90，ADXR>90   ADX＞90，ADXR＞90

图 11-20

当 ADX ＞ ADXR 时，突然转变为 ADX ＜ ADXR，即 ADX 从上面穿过 ADXR，形成的交叉称为死叉。通常股票价格下跌或横盘调整股价。

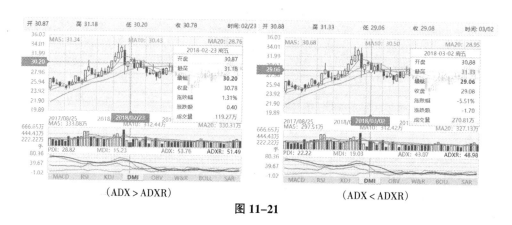

（ADX ＞ ADXR）   （ADX ＜ ADXR）

图 11-21

第六节　OBV

一、OBV 线的定义

OBV 指标一般指能量潮。OBV 的英文全称是 On Balance Volume，是由美国的投资分析师 Joe Granville 提出的，至今 OBV 已经被金融行业广泛应用。

OBV 指标通过统计成交量变动的趋势来推测股票价格上涨或下跌。

股市技术分析的四大要素：价、量、时、空。OBV 指标是从"量"这个要素作为突破口，用于发现热门股票、分析股价运动趋势的一种技术指标。它是将热门股票的成交量与股价的关系数字化、直观化、图形化，使用股票市场的成交量变化来衡量股市的推动力，从而判断股票价格的走势。可见，OBV 能量潮指标是一种相当重要的成交量方面的分析指标之一。

OBV 以"N"字形为波动单位，并且由许许多多"N"形波构成了OBV 的曲线图，对一浪高于一浪的"N"形波，称为"上升潮"（UP TIDE）；对一浪低于一浪的"N"形波，称为"下跌潮"（DOWN FIELD）。

二、常见公式

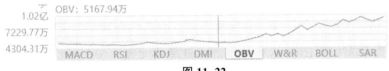

图 11-22

OBV 量的升或跌，需要配合股票价格、K 线图和其他指标来分析，才能发挥 OBV 能量潮的作用。

T 日 OBV = T-1 日 OBV + A × T 日的成交量，A 值为+1 或-1。

如果 T 日收盘价≥T-1 日收盘价，那么 A = +1。

如果 T 日收盘价＜T-1 日收盘价，那么 A = -1。

多空比率净额 = [（收盘价 - 最低价）-（最高价 - 收盘价）] ÷（最高价 - 最低价）×V 成交量

案例：

多空比率净额 = [（2486.42 - 2485.62）-（2544.91 - 2486.42）]

$\qquad$ ÷（2544.91 - 2485.62）× 1.25

$\qquad$ = [0.8 - 58.49] ÷ 59.29 × 1.25

$\qquad$ = -57.69 ÷ 59.29 × 1.25

$\qquad$ = -0.973 × 1.25

$\qquad$ = -1.22

2018-10-18 周四	
开盘	2544.91
最高	2544.91
最低	2485.62
收盘	**2486.42**
涨跌幅	-2.94%
涨跌额	-75.19
成交量	1.25亿

图 11-23

三、如何查看 OBV 指标

（1）OBV 线下降，股价上升，代表买盘无力，为卖出信号。

（2）OBV 线上升，股价下跌，代表买盘逢低买入，为买入信号。

（3）OBV 横盘三个月时，需要关注量，股票价格随时上涨。

即不管股票价格上升或下跌时，随时都会变盘。像一些小盘股，突然有 100 万手买入成交量，那么股票价格就上涨。突然有 100 万手卖出成交量，那么股票价格就下跌。所以个人认为，OBV 指标不太适合中小盘的股票使用，尤其流通市值小于 200 亿的股票，太容易给机构深度控盘。

在大盘指数小幅上涨时，主力增仓排名前十名的股票，成交量较大，股票价格则上下波动的幅度也较大。成交量较小，股票价格通常横盘，波动幅度较小。OBV 指标可以找到热门的股票，提前布局，可能会有不错的收获。对于冷门的股票，成交量小，投资者则可以忽略不看，资金就是成本，留着资金操作其他好股票。

涨停板和跌停板的股票会导致 OBV 指标失真。因为 A 股证券市场采用了涨停板（+10%）和跌停板（-10%）的限制。股票涨停板，则封了好多手买单，投资者则无法买进；股票跌停板，则封了好多手卖单，投资者则无法卖出。导致涨停板股票越涨越没成交量，跌停板股票越跌停板越没成交量，所以 OBV 指标在涨停板和跌停板的热门股票无法发挥正常作用。

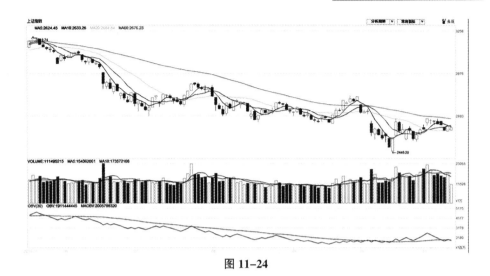

图 11-24

第七节　W&R

一、W&R 线的定义

W&R 指标是由美国著名投资家拉里·威廉（Larry Williams）于 1973 年在出版的书籍中提出的。W&R 指标是一种利用振荡点来反映市场超买和超卖现象，预测循环周期内的股票价格高点和低点，从而提出有效的信号来分析市场短期行情走势，判断股票市场强弱分界的技术指标。

所以，W&R 遇强则买，遇弱则卖。预测得准，则投资者可在高点卖出、低点买入。

二、常见公式

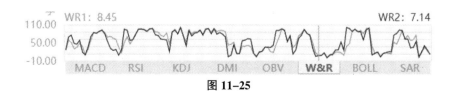

图 11-25

WR1：指的是 10 天买卖强弱指标。

WR2：指的是 6 天买卖强弱指标。

以 N 日为例，公式：N 日 WR = 100 × [HIGH（N）– C] ÷ [HIGH（N）– LOW（N）]

C：当日收盘价；

HIGH（N）：指的是 N 日内的最高价；

LOW（N）：指的是 N 日内的最低价。

为了改进 W&R 指标的缺陷，市场上增加了短线 13 日、中线 34 日、长线 89 日的计算方式。

13 日 W&R = –100 ×（13 天内最高价 – 当日收盘价）÷（13 天内最高价 – 13 天内最低价）

34 日 W&R = –100 ×（34 天内最高价 – 当日收盘价）÷（34 天内最高价 – 34 天内最低价）

89 日 W&R = –100 ×（89 天内最高价 – 当日收盘价）÷（89 天内最高价 – 89 天内最低价）

三、如何查看 W&R 指标

（1）WR > 80，属于超卖状态现象，行情基本到达底部，可以考虑建仓买入。

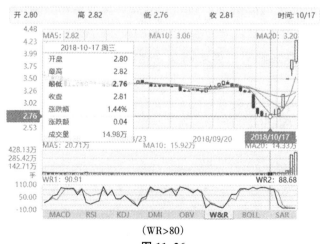

（WR>80）

图 11–26

（2）WR＜20，属于超买状态现象，行情基本到达顶部，可以考虑减仓卖出。

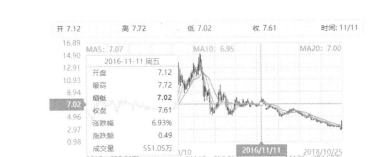

（WR＜20）

图 11-27

（3）WR＞80，但已经 3 次或以上向上无法突破，这时可以考虑卖出，是 WR 指标的卖出信号。

（4）WR＜20，但已经 3 次或以上向下无法跌穿，这时可以考虑买入，是 WR 指标的买入信号。

（5）WR 在 20~80 间，股票价格处于横盘的状态，可以持资金等待机会买入。

（6）WR 一般高于 50 看作股票较弱，WR 一般低于 50 看作股票较强。

第八节　BOLL

一、BOLL 线的定义

BOLL 指标称为布林线指标，英文全称为 Bolinger Bands，BOLL 指标是股市技术分析的常用工具之一。创始人为约翰布林先生，其利用统计原理，求出股价的标准差及其信赖区间，从而确定股价的波动范围及未来走势，利用波带显示股价的安全高低价位，因而也被称为布林带。

BOLL 指标属于路径指标，股价通常在上限和下限的区间之内波动。布林线的宽度可以随着股价的变化而自动调整位置，使布林线具备灵活和顺应趋势的特征，它既具备了通道的性质，又克服了通道宽度不能变化的弱点。比较适合中长线操作的投资者。

二、常见公式

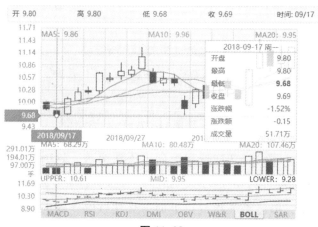

图 11-28

BOLL 指标包括了参数 UPPER、MID、LOWER。

UPPER 称为上轨线。

MID 称为中轨线，也有人称为 MB。

LOWER 称为下轨线，也有人称为 DN。

计算平均值 MA：MA=N 日的收盘价之和÷N 天；

计算标准差 MD：平方根 N 日的（C－MA）的两次方之和÷N，C 为当日收盘价；

MID＝MB＝（N－1）日的 MA；

UPPER＝MB＋2×MD；

LOWER＝DN＝MB－2×MD。

三、如何查看 BOLL 指标

（1）当 BOLL 线的上、中、下轨线同时向上运行时，表明股价强势特征非常明显，股价短期内将继续上涨，投资者应坚决持股待涨或逢低买入。

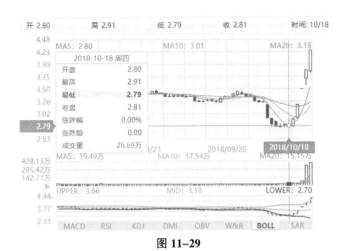

图 11-29

（2）当布林线的上、中、下轨线同时向下运行时，表明股价的弱势特征非常明显，股价短期内将继续下跌，投资者应坚决持币观望或逢高卖出。

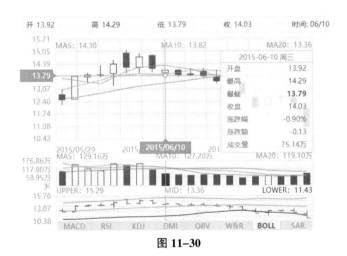

图 11-30

（3）当布林线的上轨线向下运行，而中轨线和下轨线却还在向上运行时，表明股价处于整理态势中。

（4）上轨线可以看作股票价格的最高价位，向上突破的压力位。中轨线是移动平均线，依据标准差而来。下轨线可以看作股票价格的最低价位，是支撑位。

第九节　SAR

一、SAR 线的定义

SAR 指标称为抛物线指标或停损转向操作点指标，英文全称为 Stop And Reverse，简称 SAR，是由美国技术分析大师威尔斯-威尔德（Wells Wilder）提出的，是一种简单易学、比较准确的中短期技术分析工具。目前 A 股市场也有投资者使用 SAR 指标分析方法。

STOP：指的是止损的意思。投资者买入股票或卖出股票前，先设定一个止损的价位或涨跌幅度，以减少投资的风险。

例如，Cloudy 投资者想买入 10 元的某只股票，设置卖出的价位为上涨 11 元或下跌 9 元。结果股票下跌 10%，变为 9 元，Cloudy 投资者只好止损卖出。卖出后，股价继续跌到 8 元，那么 Cloudy 投资者就减少投资的风险。

Reverse：指的是反转、反向操作的意思。投资者设置止损和止赢的价位，当股票价格达到止损价位时，投资者需要卖出股票，同时进行反向操作，做空股票（目前我国 A 股股票市场不能做空，股票不能买跌）。

二、常见公式

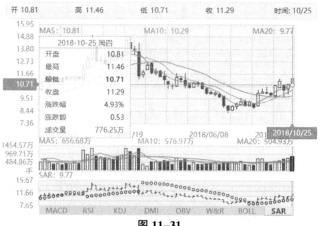

图 11-31

以计算 Tn 周期的 SAR 值为例，计算公式如下：

$$SAR（Tn）= SAR（Tn-1）+ AF（Tn）× [EP（Tn-1）- SAR（Tn-1）]$$

其中，SAR（Tn）为第 Tn 周期的 SAR 值，SAR（Tn-1）为第（Tn-1）周期的值，AF 为加速因子（或叫加速系数），EP 为极点价（最高价或最低价）。

三、如何查看 SAR 指标

（1）股价向上突破 SAR 指标显示的股价压力时，可以买入股票或持股待涨。

（2）股价向下跌破支撑位时，是卖出信号。

（3）股价向下跌破止损价位时，应该及时卖出股票，然后持资金观望机会。

（4）收盘价 > SAR 或收盘价 < SAR，都可视为行情判断上升或下跌的方向，投资者需判断行情趋势。

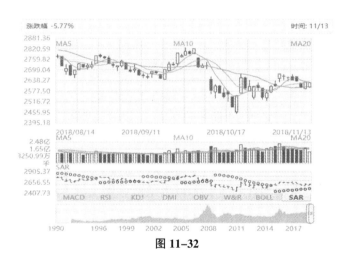

图 11-32

第十节　总结

恭喜您，通过本章的学习，了解了市场常用的 K 线，如 MACD、RSI、KDJ、DMI、OBV、W&R、BOLL、SAR。学懂看 K 线，可以帮助我们分析股票未来涨的概率大还是跌的概率大，更容易地挑选到上涨概率大的股票。

第十二章　短线炒股

在股市中，什么是输少当赢呢？指的是投资进去的资金，某个股票亏损10%算输，那就要需要止损卖出，保住90%本金。有的投资者理解错误，他们的想法是投资进去的资金，亏本90%，输的剩下10%本金，然后卖掉保住10%本金当赢，即亏损得剩下一点点本金算赢。

短线炒股的秘诀：

（1）快进快出。可以是今天买入明天卖出，也可以是今天买入，行情没变差时，一周内卖出。

（2）关注新闻、企业的公告和日K线，设置止损位（通常为5%~8%），输少当赢，不要舍不得止损。

（3）在行情上涨时短线投资，可以追涨，即买入上涨中的股票。

（4）在行情上涨时短线投资，不可以杀跌，即买入下跌中的股票。

第一节　短线炒股

短线炒股就是指投资者买入股票像蜻蜓点水那样，今天买入赚了一点，明天就卖出该股票了。投资者不用花太多时间研究股票的内在价值，实体实业的状况。短线炒股是一种短期买卖股票的行为，风险较大。

悲伤的短线投资故事：从前有个短线炒股者，看到某股票的成交量很大，于是就跟进买入了该股。买入后，当日晚上新闻公布了利空的消息，次日跌停，短线投资者无法卖出，后来连续3个跌停，亏损了30%以上的本金。股民称这种刚买入就暴跌的股为"踩雷"股。

开心的短线投资故事：从前有个新手短线炒股者，挑了一只股票，该股票当日的成交量也没什么变化和突破，买入后，当日晚上新闻公布利好的消息，公司停牌重组。1年后，该股票复牌了，该股涨了200%。投机者放了一年，什么都不用管，不用看盘就赚了200%的利润。幸运的股可遇而不可求！

第二节　新闻

查看是否有利空的新闻或者利好的新闻。

以前，云某买入了某个股票，在股票下跌的时候买的，并跟分析师朋友说了。分析师问："什么时间、什么价格买入的？"云某说："10：15左右，15.8元买的。"分析师看了看K线，都跌成这样还买，而且还没有成交量，各种MACD、RSI、KDJ、DMI指标，说还要跌。谁知道午饭时，该股票公布了重大利好的新闻，大股东增持、重组、战略投资者加入等。13：00开盘了，股票价格从-10%涨直线涨到+10%。一天涨了20%。分析师："……这是什么运气，你有内幕的吧！"云某："刚学习炒股票。"

反之，如果是不利的新闻，那么股票的价格通常就会下跌。

第三节　资金流向

（1）当日资金主力增仓。当日资金主力增仓指的是当日投资者买入的资金大于投资者卖出的资金，所以资金呈现净流入的现象。

如图12-1所示，当日资金主力增仓前5名的股票通常涨停。短线投资者敢不敢追涨呢？一般前10个股票太热门了，笔者是不敢追涨的。在上证指数行情不错的时候，笔者短线投资的方法通常会找10~50名的资金主力增仓股，并且涨幅在4%~8%间的股，追涨买入。次日无论是涨是跌，都会卖出，决不会补仓。

今日	5日						
序号	股票代码	股票名称	主力增仓额(万元)	主力增仓占当日成交比	最新价	涨跌幅	主力增减仓10日趋势
1	603032	德新交运	28537.42	36.40%	35.62	9.97%	
2	600446	金证股份	23220.08	36.06%	10.85	10.04%	
3	300251	光线传媒	23215.97	41.53%	8.21	10.05%	
4	000622	恒立实业	16406.89	25.36%	9.56	10.01%	
5	000673	当代东方	16263.69	31.99%	6.19	9.36%	

图 12-1

（2）5日资金主力增仓。5日资金主力增仓指的是5个工作日投资者买入的资金大于投资者卖出的资金，从5日的资金流出和流入对比，资金呈现净流入的现象。

今日	5日						
序号	股票代码	股票名称	主力增仓额(万元)	主力增仓占5日成交比	最新价	涨跌幅	主力增减仓10日趋势
1	600128	弘业股份	55731.72	0.79%	11.85	10.03%	
2	600783	鲁信创投	46132.11	0.19%	16.25	6.70%	
3	600624	复旦复华	42959.73	0.24%	6.74	0.90%	
4	600635	大众公用	42699.19	0.16%	4.59	6.00%	
5	601398	工商银行	42398.85	0.12%	5.33	-0.56%	

图 12-2

（3）价跌主力增仓。价跌主力增仓指的是股票价格跌了，但是主力却在买入。短线投资者可以从价跌主力增仓的股票中买入。

今日							
序号	股票代码	股票名称	主力增仓额(万元)	主力增仓占当日成交比	最新价	阶段涨跌幅	主力增减仓10日趋势
1	002147	新光圆成	11763.88	9.15%	6.20	-2.36%	
2	601288	农业银行	7903.75	20.53%	3.63	-0.27%	
3	600030	中信证券	7086.68	6.75%	17.10	-0.18%	
4	601318	中国平安	6662.73	3.97%	64.53	-0.20%	
5	600028	中国石化	3524.48	11.59%	6.16	-0.32%	

图 12-3

新光圆成（002147）这个股连续跌了90%，9个工作日跌停。

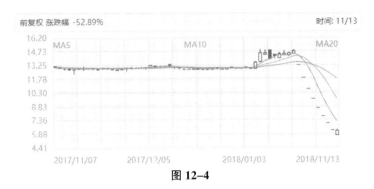

图 12-4

在第 9 个工作日里，突然上榜了"价跌主力增仓"，股票价格从-10%到-2.48%。如果短线投资者是跌停价买入的，那么就赚了7%左右。

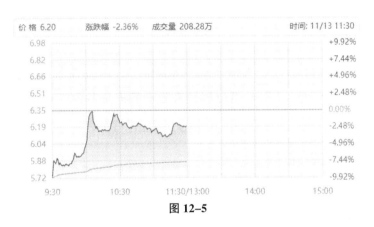

图 12-5

如图 12-6 所示，2018 年 11 月 13 日，股价从-10%到+10%，一天最多可以赚 20%。次日开盘卖出即可。

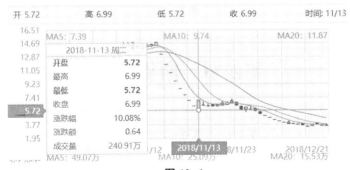

图 12-6

注意：通常这类大跌的股票只会短线反弹 1~2 天，后续会继续下跌，所以只适合短线。

（4）价涨主力减仓。价涨主力减仓指的是当日投资者买入的资金小于投资者卖出的资金，所以资金呈现净流出的现象，但是股票的价格却在上涨。

通常价涨主力减仓的股票，不适合短线投资，适合长线投资。

今日							
序号	股票代码	股票名称	主力减仓额(万元)	主力减仓占当日成交比	最新价	阶段涨跌幅	主力增减仓10日趋势
1	002791	坚朗五金	-0.23	0.04%	10.23	0.89%	
2	300293	蓝英装备	-0.30	0.03%	7.50	0.40%	
3	603258	电魂网络	-0.31	0.03%	15.34	2.33%	
4	300330	华虹计通	-0.38	0.04%	7.64	0.92%	
5	603538	美诺华	-0.55	0.15%	18.23	0.94%	

图 12-7

坚朗五金（002791）个人感觉差不多到位了，10 元左右可以慢慢建点仓，等待一下漫长的横盘，1 年后可以再回来看看股价是多少。

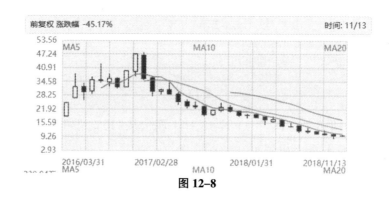

图 12-8

第四节　期货市场

做空是指预期未来行情下跌；做多是指预期未来行情上涨。以前证券市场没有这么完善，通常期货做空，股票市场则暴跌；通常期货做多，股票市场则暴涨。所以目前有很多投资者都会看着期货走势，而买卖股票，就是通过对期货市场的长期留意和熟悉，了解部分大宗商品交易的趋势，通过一些大宗商品相关联的股票买卖，间接参与期货市场。通常期货价格直接影响公司经营，从而带动股票价格涨跌走势，实时地关注期货市场走势，依照期货的趋势决定股票波段交易的买入、卖出时机，80%的概率可以避开暴涨暴跌。

案例1：

有些机构就是靠做空股票，做空期货赚钱的。机构先买1000亿元期货相关的股票，通常几个月买入完毕。机构再使用5000亿元做空期货。这时机构再卖出股票500亿元，股票市场可能千股跌停，那么自然期货市场就暴跌，机构5000亿元做空，机构在期货市场可能就赚了500亿元，股票市场跌停就亏100亿元，这样就相当于机构赚了400亿元。

如果期货涨，股票市场跌，那么这个机构就亏惨了。

案例2：

从前有个商人，开了两个店，两个店都是卖一样的商品。第一个店卖的东西特别贵，人流特别少。店的对面就是他的第二个店，这个店人流多，价格较便宜。客户通常看到第一个店的商品很贵，但又很喜欢，对面的第二个店便宜一半，就去对面的店排队买。

久而久之，人们个个都知道第一个店卖的东西好贵，第二个店卖的东西很便宜，个个取笑第一个店的老板，怎么不降价卖，都给对面的店抢光生意了。万万没有想到这两个店的老板是一个人。

第一个店和第二个店，老板牺牲了第一个店的利润和盈利，造就了第二个店的高利润。

同理，期货和股票做空，机构牺牲了股票上的本金和利润，造就了期货上的高利润。最后平均下来也能够赚大钱。

第五节　实时行情

一、五档

委比	-51.73%	委差	-15684
卖⑤(元/手)		10.67	3402
卖④(元/手)		10.66	6065
卖③(元/手)		10.65	8107
卖②(元/手)		10.64	4093
卖①(元/手)		10.63	1335
当前价(元)		**10.63**	
买①(元/手)		10.62	595
买②(元/手)		10.61	861
买③(元/手)		10.60	1355
买④(元/手)		10.59	1445
买⑤(元/手)		10.58	3062

图 12-9

说明：

"买一、买二、买三、买四、买五"指的是投资者挂单买入的价格，但是买入价格比当前股价低，还未有成交。

"卖一、卖二、卖三、卖四、卖五"指的是投资者挂单卖出的价格，但是卖出价格比当前股价高，还未有成交。

投资者可以实时看到 5 个买盘和 5 个卖盘的价格和手数，100 手＝10000股。有的软件，投资者付费后，还可以看到更多买盘和卖盘的数据，如十档位等等。

二、分时成交明细

分时成交明细可以看出当前买盘多，还是卖盘多。如果早上卖盘多，下午买盘多，那么下午应该可以跟风建仓短线投资。

000001 平安银行 分时成交明细　　Jp/PageUp:上翻 Down/PageDown:下翻

时间	价格	现量	
14:45:15	10.94	196	B
14:45:18	10.94	9	B
14:45:21	10.93	141	S
14:45:24	10.93	36	B
14:45:27	10.93	125	B
14:45:30	10.93	86	B
14:45:33	10.92	85	S
14:45:36	10.92	96	S
14:45:39	10.92	88	S
14:45:42	10.93	51	B
14:45:45	10.92	388	S
14:45:48	10.93	44	B
14:45:51	10.92	10	S
14:45:54	10.92	110	S
14:45:57	10.93	1010	B
14:46:00	10.92	277	S
14:46:03	10.92	10	B
14:46:06	10.92	37	B
14:46:09	10.91	14	S
14:46:12	10.92	137	B
14:46:15	10.91	42	S
14:46:18	10.91	130	S
14:46:21	10.91	69	S
14:46:24	10.92	222	B
14:46:27	10.92	45	B
14:46:30	10.92	21	B
14:46:33	10.92	20	B
14:46:36	10.91	838	S
14:46:39	10.92	265	B
14:46:42	10.92	145	B
14:46:45	10.91	5	S
14:46:48	10.92	54	B
14:46:51	10.91	11	S
14:46:54	10.91	29	S
14:46:57	10.91	60	S
14:47:00	10.91	145	S
14:47:06	10.91	86	S
14:47:09	10.91	556	S
14:47:12	10.92	163	B

时间	价格	现量	
14:47:15	10.91	1188	S
14:47:18	10.91	33	S
14:47:21	10.91	255	S
14:47:24	10.92	23	B
14:47:27	10.91	39	S
14:47:30	10.92	111	B
14:47:33	10.92	49	B
14:47:36	10.92	120	B
14:47:39	10.92	247	B
14:47:42	10.91	42	S
14:47:45	10.92	18	B
14:47:48	10.92	101	B
14:47:51	10.92	211	B
14:47:54	10.92	133	B
14:47:57	10.91	169	S
14:48:00	10.92	617	B
14:48:03	10.90	4103	S
14:48:06	10.91	52	B
14:48:09	10.90	35	S
14:48:12	10.91	16	B
14:48:15	10.91	94	B
14:48:18	10.91	91	S
14:48:21	10.91	106	S
14:48:24	10.91	186	S
14:48:27	10.92	21	B
14:48:30	10.91	25	S
14:48:33	10.91	410	S
14:48:36	10.91	130	S
14:48:39	10.91	141	S
14:48:42	10.91	127	S
14:48:45	10.92	32	B
14:48:48	10.92	15	B
14:48:51	10.92	21	B
14:48:57	10.91	22	S
14:49:00	10.91	105	S
14:49:03	10.91	30	S
14:49:06	10.91	184	S
14:49:09	10.91	33	S
14:49:12	10.91	145	S

时间	价格	现量	
14:49:15	10.92	82	B
14:49:18	10.92	2337	B
14:49:21	10.92	26	B
14:49:24	10.91	2018	S
14:49:27	10.91	29	B
14:49:30	10.91	161	B
14:49:33	10.91	17	B
14:49:36	10.91	150	B
14:49:39	10.92	258	B
14:49:42	10.91	7	S
14:49:45	10.92	51	B
14:49:48	10.91	1303	S
14:49:51	10.92	186	B
14:49:54	10.91	66	
14:49:57	10.92	23	B
14:50:00	10.92	33	B
14:50:03	10.91	30	S
14:50:09	10.91	13	S
14:50:12	10.91	172	S
14:50:15	10.91	179	S
14:50:18	10.91	53	S
14:50:21	10.91	14	S
14:50:24	10.92	13	B
14:50:27	10.92	33	B
14:50:30	10.92	363	B
14:50:33	10.91	5	S
14:50:36	10.91	158	S
14:50:39	10.91	392	S
14:50:42	10.92	260	B
14:50:45	10.91	31	S
14:50:48	10.92	174	B
14:50:51	10.91	3	S
14:50:54	10.91	1	S
14:50:57	10.91	232	S
14:51:00	10.92	44	B
14:51:03	10.91	21	S
14:51:06	10.91	2	S
14:51:09	10.92	4	B
14:51:12	10.92	264	B

时间	价格	现量	
14:51:15	10.91	28	S
14:51:18	10.91	255	S
14:51:21	10.92	1338	B
14:51:24	10.92	28	B
14:51:27	10.92	133	B
14:51:30	10.92	29	B
14:51:33	10.91	53	S
14:51:36	10.91	714	S
14:51:39	10.91	335	B
14:51:42	10.90	9296	S
14:51:45	10.91	61	
14:51:48	10.90	179	S
14:51:51	10.91	74	B
14:51:54	10.91	305	B
14:51:57	10.91	23	B
14:52:00	10.91	218	B
14:52:03	10.91	230	S
14:52:06	10.91	94	S
14:52:09	10.91	88	S
14:52:12	10.91	37	S
14:52:15	10.92	4	B
14:52:18	10.90	3080	S
14:52:21	10.91	45	S
14:52:24	10.91	55	S
14:52:27	10.91	23	B
14:52:30	10.91	361	B
14:52:33	10.91	8	S
14:52:36	10.91	40	S
14:52:39	10.91	214	S
14:52:42	10.91	40	B
14:52:45	10.92	24	B
14:52:48	10.92	14	B
14:52:51	10.91	129	S
14:52:54	10.91	247	S
14:52:57	10.91	311	B
14:53:00	10.90	414	S
14:53:03	10.90	718	S
14:53:06	10.91	92	B
14:53:09	10.90	13	S

时间	价格	现量	
14:53:12	10.90	22	S
14:53:15	10.90	67	S
14:53:18	10.90	9	S
14:53:21	10.90	186	S
14:53:24	10.91	16	B
14:53:27	10.91	41	B
14:53:30	10.90	71	S
14:53:33	10.91	232	B
14:53:36	10.90	20	S
14:53:39	10.91	62	B
14:53:42	10.91	16	B
14:53:45	10.91	306	B
14:53:48	10.91	378	B
14:53:51	10.90	96	S
14:53:54	10.90	865	S
14:53:57	10.90	76	B
14:54:00	10.90	47	B
14:54:03	10.89	84	S
14:54:06	10.90	164	B
14:54:09	10.90	817	B
14:54:12	10.89	200	S
14:54:15	10.89	18	S
14:54:18	10.90	68	B
14:54:21	10.90	28	B
14:54:24	10.89	733	S
14:54:27	10.89	173	S
14:54:30	10.89	1976	S
14:54:33	10.88	424	S
14:54:36	10.90	225	B
14:54:39	10.89	61	S
14:54:42	10.89	665	S
14:54:45	10.90	2029	B
14:54:48	10.89	354	S
14:54:51	10.89	396	S
14:54:54	10.89	47	B
14:54:57	10.89	292	B
14:55:00	10.89	526	B
14:55:03	10.90	261	B
14:55:06	10.89	197	

时间	价格	现量	
14:55:09	10.89	616	B
14:55:12	10.89	205	B
14:55:15	10.88	42	S
14:55:18	10.88	1655	S
14:55:21	10.88	3768	S
14:55:24	10.87	88	S
14:55:27	10.87	470	S
14:55:30	10.88	61	B
14:55:33	10.87	211	S
14:55:36	10.87	483	S
14:55:39	10.87	50	S
14:55:42	10.88	180	B
14:55:45	10.87	350	S
14:55:48	10.88	1216	B
14:55:51	10.89	587	B
14:55:54	10.88	128	S
14:55:57	10.88	276	S
14:56:00	10.88	338	S
14:56:03	10.88	272	B
14:56:06	10.88	893	S
14:56:09	10.88	539	S
14:56:12	10.87	38	S
14:56:15	10.89	2289	B
14:56:18	10.88	65	S
14:56:21	10.89	56	B
14:56:24	10.89	76	B
14:56:27	10.89	136	B
14:56:30	10.89	82	B
14:56:33	10.89	218	B
14:56:36	10.89	116	B
14:56:39	10.88	349	B
14:56:42	10.88	96	B
14:56:45	10.88	159	S
14:56:48	10.89	375	B
14:56:51	10.89	366	B
14:56:54	10.88	1151	S
14:56:57	10.89	427	B
14:57:00	10.89	212	B
15:00:03	10.90	1.09万	B

图 12-10

三、分价表数据

价格	成交量	比例	竞买率
10.65	2055		100.00%
10.64	1.63万		45.79%
10.63	2.23万		43.40%
10.62	1.10万		61.22%
10.61	1.12万		41.09%
10.60	3.24万		87.19%
10.59	5.00万		60.85%
10.58	4.22万		57.61%
10.57	3.66万		50.20%
10.56	3.97万		50.61%
10.55	2.36万		63.04%
10.54	3.89万		67.60%
10.53	3.11万		56.04%
10.52	3.22万		56.07%
10.51	2319		0.00%
10.49	4541		100.00%
10.48	1.80万		86.25%
10.47	4.07万		65.43%
10.46	6.51万		54.93%
10.45	6.65万		41.64%
10.44	8.35万		69.43%
10.43	10.88万		34.97%
10.42	5.37万		44.73%
10.41	3.34万		27.37%
10.40	1.94万		36.90%
10.39	357		0.00%

图 12-11

分价表是指当天成交笔数在每个价位的分布比例。投资者可以查看到价格、成交量、比例、竞买率的数据。如上图所示，价格为白色代表的是当前的价格，价格为红色代表的是股价涨了，价格为绿色代表的是股价跌了。

四、大单数据

大单数据指的是投资者已经买盘和卖盘的数据，交易金额在 10 万或以上。内容包括时间、成交价格、金额、性质。

时间	成交价格	金额	性质
14:22:45	10.57	20.40	卖盘
14:22:42	10.58	12.48	买盘
14:22:24	10.57	12.37	卖盘
14:22:09	10.57	132.97	买盘
14:22:06	10.57	33.08	卖盘
14:22:01	10.57	13.32	卖盘

图 12-12

第六节 笔者的短线炒股方法

（1）查看新闻是否有利空或利好。有利好就更好，没有利好也没问题，千万不能有重大利空消息（例如，油价大降，通常航空股和证券股大涨）。

（2）MACD 线是否有金叉，或即将出现金叉。

（DIFF 值 ≈ DEA 值，DIFF 线是由下向上与 DEA 线相交）

（3）RSI 是否在 60~80 间。

（4）KDJ 的指标 K 值 < 60 时，且 K 值 > D 值。

（5）MDI 的指标 PDI > MDI，PDI 最好在 20 左右买，50 左右卖。

（6）观察期货市场，上证指数和深证成指的方向，当日资金流向。

（7）在资金流入前 50 名的股票中挑选个股，建仓买入。

（8）5 个交易工作日内，不管盈利和亏损多少，都需要卖出。

此短线投资方法仅供参考！旁观者清，当局者迷，许多投资者亏损了是不舍得卖出的。而且投资者对股票产生了感情，最后投资者越亏越多，越补仓越亏的情况经常出现。

第七节 总结

短线炒股重点是要找准时机，买入股票，短期内盈利则卖出，别贪心。短期内亏损也需要卖出，别留恋，不要炒着炒着对个股产生感情了，又变为长线股操作。

第十三章　中长线炒股

笔者认为，中线为投资 1~3 年（含），中长线为投资 3~5 年（含），长线为投资 5 年以上。

中长线股票投资的秘诀：

（1）拿得稳。挑一只不错的股票，以不错的价格买入。买入后就不需要天天详细地看盘，需要拿得稳。天天查看，可能总有一天你会拿不住，一个洗盘就可能被洗出来了。

（2）关注新闻。最怕的就是突然说被 ST 退市风险，那么可能又要天天跌停板一段时间。

（3）在行情下跌后，经过一段时间平稳走势，那么投资者就可以逐渐建仓了。

（4）涨了 100% 卖不卖？长线投资，有的股票可能涨 100% 就差不多到顶了；有的股票可能涨 200% 才到顶；那么涨 100% 卖不卖呢？个人感觉可以卖出 50%，剩下的 50% 在股价涨一点卖一点，直至清仓。

（5）查看财务报表和该企业实际的市场。财务报表上的数据，可能也会有造假的数据，就像电商那样刷好评刷信誉度。本质数据都是真实的，实质数据是刷出来的。在未有新闻说某公司财务报表造假时，我们都看作是正确的财务数据，分析才能有用。过去从五大会计师事务所变为现在的四大会计师事务所事件中，财务报表还需要看是哪些会计事务所审计的，也可推测报表的可靠性。

第一节 股票投资

股票投资的时间一般较长，投资回报需要看企业的中长期业绩。股票投资是一种中长期买卖股票的行为，风险较大，但比投机风险小一点。买股票，就没有风险小的股。再稳的股票，上下波动都有过 100% 的涨幅和跌幅。

短线投机和中长线投资就像朋友找你借了 100 元一样。朋友今天借了你 100 元，明天就还你 101 元，可以看作短线投机的行为。朋友今天借了你 100 元，1 年后朋友才还你 110 元，可以看作中长线投资的行为。短线投机和中长线投资可见在时效上、收益上、风险上有所不同。

第二节 股本股东

一、股本结构

表 13-1

控股股东与实际控制人	
控股股东	××集团有限责任公司（54.66%）
实际控制人	××政府［控股比例（上市公司）：40.58%］

A 股户数：479075。户均流通股：32859。累计持有 978274.75 万股，累计占流通股比例 62.14%。

说明：

股东户数越多，通常机构不会拉涨此类股票。股东户数大幅减少时，机构可能见筹码较多，可能会拉升此类股票。

二、增减持情况

表 13-2

股东名称	持股数（万股）	占总股本比例（%）	股份性质	增减持情况（万股）
××集团有限公司	11000683.45	24.15	无限售A股	↑711847.30
	1390782.11	30.51	限售A股	—
上海××有限公司	217777.78	4.78	限售A股	↑62222.22
上海××有限公司	173273.33	3.80	限售A股	↑49506.67
深圳××有限公司	171111.11	3.75	限售A股	↑48888.89
北京××有限公司	116666.67	2.56	限售A股	↑33333.33
广州××有限公司	111261.61	2.44	无限售A股	↑40278.27
四川××有限公司	77777.78	1.71	限售A股	↑22222.22
北京××有限公司	52042.42	1.14	无限售A股	↑14869.26
厦门××有限公司	46666.67	1.02	限售A股	↑13333.33
深圳××有限公司	46665.73	1.02	限售A股	↑13333.07

说明：

增减持情况，可以看出股票中长期的行情方向。例如，某知名投资家大量增持，其他投资者纷纷跟着买入，那么该股票可能有一波不错的行情。反之，某知名投资家大量减持，其他投资者就会纷纷跟着卖出，那么该股票可能有一段时间下跌的行情。

三、十大流通股东

表 13-3

序号	股东名称	持股数（万股）	占流通股比例（%）	股东性质	增减持情况（%）
1	××集团有限公司	786202.46	49.94	其他	未变
2	广州××有限公司	70983.34	4.51	限售A股	↓-46.00
3	AA基金有限公司	37173.16	2.36	基金专户	未变
4	BB基金有限公司	11987.97	0.76	基金专户	未变
5	CC基金有限公司	11987.97	0.76	基金专户	未变
6	DD基金有限公司	11987.97	0.76	基金专户	未变
7	EE基金有限公司	11987.97	0.76	基金专户	未变
8	FF基金有限公司	11987.97	0.76	基金专户	未变

续表

序号	股东名称	持股数（万股）	占流通股比例（%）	股东性质	增减持情况（%）
9	GG 基金有限公司	11987.97	0.76	基金专户	未变
10	HH 基金有限公司	11987.97	0.76	基金专户	未变

说明：

查询十大流通股东，如果某个股东是股票市场上经常赚钱的，持股数也较多，那么跟着建仓应该可以赚几杯柠檬茶喝吧！这个道理正如别人说问创业成功的人，可能你也会创业成功。问不创业的人创业的事，可能你永远不会创业，也不会成功。

四、公司高管

2017 年 5 月 11 日~2020 年 5 月 11 日。

表 13-4

姓名	职务	起始日期	终止日期
李 A	董事长	2017-05-11	2020-05-10
魏 B	董事长	2017-05-11	2018-01-16
李 A	董事	2018-01-16	2017-05-10
孙 C	副董事长	2017-05-11	2018-01-16
魏 B	董事	2017-05-11	2018-01-16
张 D	独立董事	2017-05-11	2020-05-10
郑 E	独立董事	2017-08-14	2020-05-10

注：这个上市公司有 2 名董事长、1 名副董事长、16 名董事、6 名独立董事。中间省略了罗列出来。

五、股本股东与股票价格的关系

某个股票名人买入了 A 股票，媒体报道股票名人持有 A 股票，结果千亿散户资金跟进买入，A 股票 1 个月内涨了 50%。

可见股本股东与股票价格有点关联关系的，所以股本结构、增减持情况、十大流通股东、公司高管需要关注一下。

第三节　发行分配

一、分红信息

表 13-5　分红

公告日期	分红方案（每 10 股）			进度	除权除息日	股权登记日	红股上市日	详情
	送股（股）	转增（股）	派息（税前）（元）					
2018-07-04	0	0	0.05	实施	2018-07-12	2018-07-11	—	查看
2017-05-23	0	4	0	实施	2017-05-31	2017-05-26	2017-06-01	查看
2016-04-20	0	0	0	不分配	—	—	—	查看
2015-04-29	0	0	0	不分配	—	—	—	查看
2014-09-23	0.5	9.5	0.125	实施	2014-09-29	2014-09-26	—	查看

分红的详细内容：

表 13-6　分红详情

税前红利（报价币种）	0.05
税后红利（报价币种）	0.05
B、H 股税前红利（人民币）	—
B、H 股税后红利（人民币）	—
送股比例（10 送）	—
送股比例（10 送增）	—
盈余公积金转增比例（10 转增）	—
资金公积金转增比例（10 转增）	—
发放对象	—
股本基准日	2017-12-31
最后交易日	—
登记日	2018-07-11
除息日	2018-07-12

续表

红利/配股起始日（送、转股到账日）	2018-07-12
红利/配股终止日	—
上市日	—
股东大会决议公告日期	2018-05-18
可转债享受权益转股截止日	—
配股比例（10 配）	—
配股价	—
转配比例	—
转配价	—
配股有效期	—
实际配股数	—
配股前总股本	—
实际配股比例	—
每股拆细数	—
外币折算汇率	—
权息说明	—

注：通常分红前和分红后一周，股价会跌，建议避开分红前和后买入股票。

二、限制解禁

表 13-7

股票名称	解禁日期	解禁数量 （万股）	解禁股流通市值 （亿元）	上市批次	公告日期
××股份	2019-05-28	1353940.00	216.6304	8	2015-05-28
××股份	2019-05-28	36842.11	5.8947	8	2013-02-01
××股份	2018-05-28	963837.78	193.7314	7	2015-05-28

　　从限制解禁的数据中，可以看到该股 2019 年 5 月 28 日有大量股解禁，解禁前不建议持股，可以先卖出 1~2 周，待股价稳定后再买入。可以避免解禁导致股价下跌。

表 13-8

上市地	上海证券交易所
主承销商	××证券有限公司
承销方式	余额包销
上市推荐人	××证券有限公司
每股发行价（元）	5.18
发行方式	网上定价发行
发行市盈率（按发行后总股本）	—
首发前总股本（万股）	90000.00
首发后总股本（万股）	125000.00
实际发行量（万股）	35000.00
预计募集资金（万元）	181300.00
实际募集资金合计（万元）	181300.00
发行费用总额（万元）	5602.55
募集资金净额（万元）	175697.45
承销费用（万元）	—
招股公告日	2001-02-12
上市日期	2001-03-09

三、新股发行信息

从新股发行信息中可以查看到该股票的上市日期和发行价，对比现在的股价。如果发行价大于现价，那么股票价格就跌破发行价了；如果发行价小于现价，那么股票价格代表有股上涨。

四、增发信息

表 13-9

增发公告日期：2015-05-28	
发行方式	定向配售、网下定价发行
发行价格	1.80 元
实际公司募集资金总额	2980000.00 万元
发行费用总额	30176.00 万元
实际发行数量	165555.5552 万股

第四节　财务报表

财务报表的内容一般包括财务摘要、资产负债表、现金流量表、企业利润表、业绩预告、杜邦分析、股东权益增减、财务指标等内容。财务三表通常指的是资产负债表、现金流量表、企业利润表。

目前市场上的书籍有很多教投资者怎么看财务报表，本书不再详细地讲解财务报表，而是举个例子让投资者知道报表里显示的内容包括哪些。

财务报表的详细内容如下：

一、财务摘要

财务摘要通常包括主要会计数据和财务指标、补充财务比率、补充监管指标的内容。

案例：

（一）主要会计数据和财务指标

表 13-10

货币单位：人民币百万元

项目	2018 年 6 月 30 日	2017 年 12 月 31 日	2016 年 12 月 31 日	期末比上年末增减（%）
资产总额	3367399	3248474	2953434	3.7
股东权益	228141	222054	202171	2.7
归属于普通股股东的股东权益	208188	202101	182218	3.1
股本	17170	17170	17170	—
归属于普通股股东的每股净资产（元/股）	12.13	11.77	10.61	3.1
项目	2018 年 1~6 月	2017 年 1~6 月	2017 年 1~12 月	本期同比增减（%）
营业收入	57241	54069	105786	5.9
信用及资产减值损失前营业利润	39700	40180	73148	(1.2)
信用及资产减值损失	22298	23716	42925	(6.0)

续表

项目	2018 年 1~6 月	2017 年 1~6 月	2017 年 1~12 月	本期同比增减 （%）
营业利润	17402	16464	30223	5.7
利润总额	17367	16432	30157	5.7
归属于本公司股东的净利润	13372	12554	23189	6.5
扣除非经常性损益后归属于本公司股东的净利润	13326	12512	23162	6.5
经营活动产生的现金流量净额	7455	(128180)	(118780)	上年同期为负
每股比率（元/股）：				
基本/稀释每股收益	0.73	0.68	1.30	7.4
扣除非经常性损益后的基本每股收益	0.73	0.68	1.30	7.4
每股经营活动产生的现金流量净额	0.43	(7.47)	(6.92)	上年同期为负
财务比率（%）：				
总资产收益率（未年化）	0.40	0.41	不适用	-0.01
总资产收益率（年化）	0.79	0.81	0.71	-0.02
平均总资产收益率（未年化）	0.40	0.42	不适用	-0.02
平均总资产收益率（年化）	0.81	0.83	0.75	-0.02
加权平均净资产收益率（未年化）	6.13	6.21	不适用	-0.08
加权平均净资产收益率（年化）	12.36	12.56	11.62	-0.20
加权平均净资产收益率（扣除非经常性损益，未年化）	6.11	6.19	不适用	-0.08
加权平均净资产收益率（扣除非经常性损益，年化）	12.31	12.51	11.61	-0.20

注意事项：①本企业于 2016 年 3 月 7 日非公开发行 200 亿元非累积型优先股，在计算"每股收益"及"加权平均净资产收益率"时，分子均扣减了已发放的优先股股息。②本企业于 2017 年报告执行《企业会计准则第 42 号——持有待售的非流动资产、处置组和终止经营》和《关于修订印发一般企业财务报表格式的通知》关于列报的相关规定，在利润表的"营业收入"项目中单独列报"资产处置损益"项目。2017 年半年度"营业收入""信用及资产减值损失前营业利润"及"营业利润"比较数据已相应进行调整，分别由 540.73 亿元、401.84 亿元、164.68 亿元调整为 540.69 亿元、

401.80 亿元、164.64 亿元。

截至披露前一交易日的公司总股本见表 13-11。

表 13-11

截至披露前一交易日的公司总股本（股）	17170411366
用最新股本计算的全面摊薄每股收益（元/股，2018 年 1~6 月）	0.73

存贷款情况见表 13-12。

表 13-12

项目	2018 年 6 月 30 日	2017 年 12 月 31 日	2016 年 12 月 31 日	期末比上年末增减（%）
吸收存款	2079278	2000420	1921835	3.9
其中：企业存款	1673508	1659421	1652813	0.8
个人存款	405770	340999	269022	19.0
发放贷款和垫款总额	1848693	1704230	1475801	8.5
其中：企业贷款	849767	855195	934857	(0.6)
一般企业贷款	820173	840439	920011	(2.4)
贴现	29594	14756	14846	100.6
个人贷款	613193	545407	359859	12.4
信用卡应收账款	385733	303628	181085	27.0
发放贷款和垫款损失准备	(54486)	(43810)	(39932)	24.4
发放贷款和垫款净值	1794207	1660420	1435869	8.1

注意事项：根据《中国人民银行关于调整金融机构存贷款统计口径的通知》（银发〔2015〕14 号），从 2015 年开始，非存款类金融机构存放在存款类金融机构的款项纳入"各项存款"、存款类金融机构拆放给非存款类金融机构的款项纳入"各项贷款"统计口径。按此统计口径，2018 年 6 月 30 日的各项存款为 25492 亿元，各项贷款为 18956 亿元。

非经常性损益见表 13-13。

表 13-13

项目	2018 年 1~6 月	2017 年 1~6 月	2016 年 1~6 月
非流动性资产处置损益	80	87	101
或有事项产生的损益	1	—	(1)
其他	(21)	(32)	(65)
所得税影响	(14)	(13)	(8)
合计	46	42	27

注意事项：非经常性损益根据《公开发行证券的公司信息披露解释性公告第 1 号——非经常性损益》的定义计算。

财务指标分析是指总结和评估企业财务状况与经营成果的分析指标，通常包括偿债能力指标、运营能力指标、盈利能力指标和发展能力指标。所以投资者能从主要会计数据和财务指标的数据里评估企业的各种指标，是否适合自己购买此股票。

（二）补充财务比率

表 13-14

项目	2018 年 1~6 月	2017 年 1~6 月	2017 年 1~12 月	本期同比增减（%）
成本收入比	29.66	24.76	29.89	+4.90
信贷成本（未年化）	1.18	1.47	不适用	-0.29
信贷成本（年化）	2.37	2.94	2.55	-0.57
存贷差（年化）	3.81	4.13	3.99	-0.32
净利差（年化）	2.06	2.29	2.20	-0.23
净息差（未年化）	1.12	1.22	不适用	-0.10
净息差（年化）	2.26	2.45	2.37	-0.19

注：信贷成本=当期信贷拨备÷当期平均贷款余额（含贴现），本企业 2018 年上半年平均贷款余额（含贴现）为 17787.40 亿元（2017 年上半年为 15550.91 亿元）；净利差=平均生息资产收益率–平均计息负债成本率；净息差=利息净收入÷平均生息资产余额。

财务比率一般可见，用三个方面的比率来衡量风险和收益的关系。那么投资者可以查看财务比率数据评估收益是否大于风险，是就买入股票，否就观望股价。

（三）补充监管指标

表 13-15

项目	标准值	2018 年 6 月 30 日	2017 年 12 月 31 日	2016 年 12 月 31 日
流动性比例（本外币）	≥25	60.40	52.23	49.48
流动性比例（人民币）	≥25	60.50	52.57	47.62
流动性比例（外币）	≥25	69.49	55.41	99.04
含贴现存贷款比例（本外币）	不适用	87.44	83.58	75.21
流动性覆盖率	≥100（本年末）	123.60	98.35	95.76
资本充足率	≥10.5	11.59	11.20	11.53
一级资本充足率	≥8.5	9.22	9.18	9.34
核心一级资本充足率	≥7.5	8.34	8.28	8.36
单一最大客户贷款占资本净额比率	≤10	5.08	5.20	5.19
最大十家客户贷款占资本净额比率	不适用	20.13	22.79	25.78
累计外汇敞口头寸占资本净额比率	≤20	1.45	1.22	4.11
正常类贷款迁徙率	不适用	2.39	5.20	7.14
关注类贷款迁徙率	不适用	26.78	30.41	37.56
次级类贷款迁徙率	不适用	76.85	73.69	43.83
可疑类贷款迁徙率	不适用	99.76	64.37	71.14
不良贷款率	≤5	1.68	1.70	1.74
拨备覆盖率	≥150	175.81	151.08	155.37
拨贷比	≥2.5	2.95	2.57	2.71

注：监管指标根据监管口径列示。根据银保监会《商业银行流动性风险管理办法》要求，商业银行的流动性覆盖率应当在 2018 年底前达到 100%；在过渡期内，应当不低于 90%。

从监管指标数据可见，该企业已经列出了标准值与企业的数据对比。企业的监管数据已经符合标准值。

（四）实际股票行情

2018 年半年财务摘要公布后，7~10 月该股票的行情节节上涨，4 个月涨了 20% 以上，平均每月涨幅 5%。

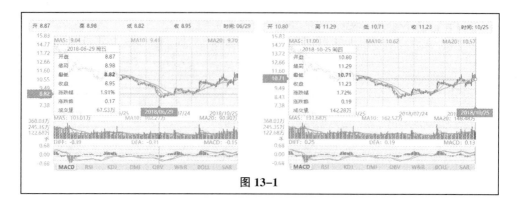

图 13-1

二、资产负债表

资产负债表的概念：资产负债表也称财务状况表，表示企业在一定日期（通常为各会计的月末、季末、年末）的财务状况（包括资产、负债和股东权益的状况）的主要会计报表，经过分录、转账、分类账、试算、调整等会计程序后，以特定日期的静态企业情况为基准，浓缩成一张报表，表现出企业的经营状况，这张报表就是资产负债表。资产负债表的作用是企业内部排错、防止弊端、经营方向，同时可以让投资者快速了解企业的经营状况。

平衡公式：资产 = 负债 + 所有者权益（资产包括流动资产、非流动资产；负债包括流动负债、非流动负债）

案例：

表 13-16

报表日期	2018-09-30
单位	元
流动资产	
货币资金	8472667969
交易性金融资产	40468780.72
衍生金融资产	0
应收票据	9155582569
应收账款	4296276369
预付款项	1072512341

续表

报表日期	2018-09-30
单位	元
应收利息	0
应收股利	16051282.26
其他应收款	0
买入返售金融资产	0
存货	20326935187
划分为持有待售的资产	0
一年内到期的非流动资产	0
待摊费用	0
待处理流动资产损益	0
其他流动资产	69701967.64
流动资产合计	43963826607
非流动资产	
发放贷款及垫款	0
可供出售金融资产	0
持有至到期投资	0
长期应收款	0
长期股权投资	902343799.7
投资性房地产	0
固定资产净额	68725817734
在建工程	1782011827
工程物资	0
固定资产清理	0
生产性生物资产	0
公益性生物资产	0
油气资产	0
无形资产	1743547526
开发支出	0
商誉	0
长期待摊费用	716381898.7

续表

报表日期	2018-09-30
单位	元
递延所得税资产	508292516.6
其他非流动资产	29558654667
非流动资产合计	10397905.00
资产总计	14794287.66
流动负债	
短期借款	16979814040
交易性金融负债	0
应付票据	0
应付账款	0
预收款项	8722338705
应付手续费及佣金	0
应付职工薪酬	365442005.1
应交税费	806394623.6
应付利息	196757767.9
应付股利	119569700.9
其他应付款	0
预提费用	0
一年内的递延收益	0
应付短期债券	0
一年内到期的非流动负债	4206397626
其他流动负债	0
流动负债合计	81666626934
非流动负债	
长期借款	4604829832
应付债券	6000000000
长期应付款	2956603978
长期应付职工薪酬	169032707.3
专项应付款	0
预计非流动负债	0

续表

报表日期	2018-09-30
单位	元
递延所得税负债	3989777.52
长期递延收益	488358922.5
其他非流动负债	0
非流动负债合计	14222815217
负债合计	95889442151
所有者权益	
实收资本（或股本）	45585032648
资本公积	1399030303
减：库存股	0
其他综合收益	599047.45
专项储备	315403469.4
盈余公积	1304498634
一般风险准备	0
未分配利润	3247406846
归属于母公司股东权益合计	51851970949
少数股东权益	201463475.5
所有者权益（或股东权益）合计	52053434424.4
负债和所有者权益（或股东权益）总计	147942876575.75

上述的资产负债表可见分为流动资产、非流动资产、流动负债、非流动负债、所有者权益的数据。

三、现金流量表

现金流量表的概念：现金流量表主要是反映出"资产负债表"中各个项目对现金流量的影响，并依据其用途划分为经营、投资及融资（筹资）三个分类。现金流量表通常用于分析一家企业在短期内有没有足够现金流支付开销。

就像你借给朋友 20 元，朋友答应下周还你 20 元，而你下周又需要这 20 元买一杯柠檬茶喝。下周朋友不还你 20 元，那么你就没有 20 元的现金流，你就无法买到柠檬茶喝。

现金流过多，也会影响企业的收入水平，同时也说明企业经营不善。就像你有 100 万元存银行，朋友有 100 万元投资实业（创业），1 年后你的 100 万元变为 103 万元，而朋友的 100 万元可能变为 200 万元。

案例：

表 13-17

报表日期	2018-09-30
单位	元
一、经营活动产生的现金流量	
销售商品、提供劳务收到的现金	47620086059
收到的税费返还	372006467.5
收到的其他与经营活动有关的现金	374083090.4
经营活动现金流入小计	48366175617
购买商品、接受劳务支付的现金	39361864528
支付给职工以及为职工支付的现金	2896708525
支付的各项税费	760507391.2
支付的其他与经营活动有关的现金	422383830.2
经营活动现金流出小计	43441464274
经营活动产生的现金流量净额	4924711343
二、投资活动产生的现金流量	
收回投资所收到的现金	0
取得投资收益所收到的现金	2199726.92
处置固定资产、无形资产和其他长期资产所收回的现金净额	0
处置子公司及其他营业单位收到的现金净额	0
收到的其他与投资活动有关的现金	0
投资活动现金流入小计	2199726.92
购建固定资产、无形资产和其他长期资产所支付的现金	1836114485
投资所支付的现金	0
取得子公司及其他营业单位支付的现金净额	0
支付的其他与投资活动有关的现金	0

续表

报表日期	2018-09-30
单位	元
投资活动现金流出小计	1836114485
投资活动产生的现金流量净额	-1833914758
三、筹资活动产生的现金流量	
吸收投资收到的现金	0
其中：子公司吸收少数股东投资收到的现金	0
取得借款收到的现金	21065326300
发行债券收到的现金	0
收到其他与筹资活动有关的现金	9053856213
筹资活动现金流入小计	30119182513
偿还债务支付的现金	16881194260
分配股利、利润或偿付利息所支付的现金	1474748644
其中：子公司支付给少数股东的股利、利润	0
支付其他与筹资活动有关的现金	17584671436
筹资活动现金流出小计	35940614340
筹资活动产生的现金流量净额	-5821431827
四、汇率变动对现金及现金等价物的影响	50575358.58
五、现金及现金等价物净增加额	-2680059884
加：期初现金及现金等价物余额	4994924740
六、期末现金及现金等价物余额	2314864856
附注	
净利润	0
少数股东权益	0
未确认的投资损失	0
资产减值准备	0
固定资产折旧、油气资产折耗、生产性物资折旧	0
无形资产摊销	0
长期待摊费用摊销	0
待摊费用的减少	0
预提费用的增加	0

续表

报表日期	2018-09-30
单位	元
处置固定资产、无形资产和其他长期资产的损失	0
固定资产报废损失	0
公允价值变动损失	0
递延收益增加（减：减少）	0
预计负债	0
财务费用	0
投资损失	0
递延所得税资产减少	0
递延所得税负债增加	0
存货的减少	0
经营性应收项目的减少	0
经营性应付项目的增加	0
已完工尚未结算款的减少（减：增加）	0
已结算尚未完工款的增加（减：减少）	0
其他	0
经营活动产生现金流量净额	0
债务转为资本	0
一年内到期的可转换公司债券	0
融资租入固定资产	0
现金的期末余额	0
现金的期初余额	0
现金等价物的期末余额	0
现金等价物的期初余额	0
现金及现金等价物的净增加额	0

通过现金流量的框架内容，投资者应该知道现金流量表会显示哪些项目内容。企业现金流量过多，则企业利润可能会较低；企业现金流量过少，则企业可能缺少周转资金。企业现金流量适中，则企业较适合投资。

四、企业利润表

企业利润表的概念：企业利润表包括营业总收入、营业总成本、营业利润、利润总额、净利润、每股收益、其他综合收益、综合收益总额的项目内容。企业利润表反映企业经营成果方面的内容。

公式：

营业利润＝营业收入－营业成本－营业税金及附加－销售费用－管理费用－财务费用－资产减值损失＋公允价值变动收益（－公允价值变动损失）＋投资收益（－投资损失）

营业收入＝主营业务收入＋其他业务收入

营业成本＝主营业务成本＋其他业务成本

利润总额＝营业利润＋投资收益＋补贴收入＋营业外收入－营业外支出

净利润＝利润总额－所得税费用－少数股东损益

简例：

就像商家 3 元买个柠檬，1 元买个杯，水电 1 元。然后商家可以做出 2 杯总价值 50 元的柠檬茶卖给消费者。假设营业税金及附加 1 元，销售费用 1 元，管理费用 1 元，财务费用 1 元，资产减值损失 1 元，公允价值变动收益 1 元，投资收益 1 元。营业外收入 2 元，营业外支出 1 元，所得税费用 3 元。

营业成本 5 元，营业收入 50 元，营业利润＝50－5－1－1－1－1－1＋1＋1＝42 元。利润总额＝42＋2－1＝43 元。净利润＝43－3＝40 元。

案例：

表 13-18

报表日期	2018-09-30
单位	元
一、营业总收入	48266553785
营业收入	48266553785
二、营业总成本	45449523324
营业成本	40481726460

续表

报表日期	2018-09-30
单位	元
营业税金及附加	258077789.2
销售费用	1768087065
管理费用	815045032.8
财务费用	1854352268
资产减值损失	243472110.2
公允价值变动收益	2906698.76
投资收益	196753733.7
其中：对联营企业和合营企业的投资收益	188381135.1
汇兑收益	0
三、营业利润	3025454068
加：营业外收入	6167117.47
减：营业外支出	9333969.13
其中：非流动资产处置损失	0
四、利润总额	3022287217
减：所得税费用	711944884
五、净利润	2310342333
归属于母公司所有者的净利润	2303934463
少数股东损益	6407869.67
六、每股收益	
基本每股收益（元/股）	0.0505
稀释每股收益（元/股）	0.0505
七、其他综合收益	867991.65
八、综合收益总额	2311210324
归属于母公司所有者的综合收益总额	2304377139
归属于少数股东的综合收益总额	6833185.58

通过企业利润表的框架内容，我们应该知道企业利润表里面的内容包括了哪些。通过企业利润表的数据和实体市场行情，判断该股票是否有上升的空间。资产＝负债＋所有者权益；收入－费用＝利润；现金流入－现金流出＝

现金净流量。

资产负债表、现金流量表、企业利润表也是有关联关系的，通过三个表对比，可判断数据是否正确，判断该股票是否值得买入。

五、业绩预告

业绩预告的概念：业绩预告就是比正式的业绩报告提前公告，预告的内容不是非常精确，通常存在着一点误差。企业想预先让投资者知道，稳定投资者信心，也能稳定股票价格。

案例：

表 13-19

公告日期	2018-01-25
报告期	2017-12-31
类型	预增
业绩预告摘要	预计 2017 年度实现归属于上市公司股东的净利润与上年同期相比，将增加 191497 万元左右，同比增加 2252%左右
业绩预告内容	预计 2017 年度实现归属于上市公司股东的净利润与上年同期相比，将增加 191497 万元左右，同比增加 2252%左右。业绩变动原因说明： ①主营业务影响。2017 年，国家供给侧结构性改革深入推进，钢铁行业去产能成效显著，钢铁价格与去年相比有所上涨，公司本期钢铁产品销售收入和营业利润较上期都有大幅增加，同时公司通过××资源开发，生产和销售××，大幅增加利润。公司进一步深化改革，提升管理综合效益，通过公司自上而下"瘦身健体"、降本增效，调整产品结构增加效益。 ②非经营性损益的影响。本期非经常性损益主要为收到政府补助 20587 万元。 ③会计处理的影响。本期纳入合并报表范围的主体由 7 户增加到 8 户，增加的单位名称"××钢车用材料有限公司"。 ④上年比较基数较小。
上年同期每股收益（元）	0.0026

股票实际行情的结果：

2018 年 1 月 25 日股价涨了 2.41%，收盘价为 2.55 元。业绩预增按理来说，是重大利好。该股 2018 年 11 月 14 日却跌到了 1.67 元，相信该股未来会补涨。

图 13-2

为何股票收益为正数，股票价格确持续下跌呢？

可能利润太低，可能市场销量下滑，可能资产负债，可能机构投资者和高管减持等原因。

六、杜邦分析

杜邦分析是以净资产收益率为核心的财务指标，通过财务指标的内在联系，系统、综合地分析出企业的盈利水平，具有鲜明的层次结构，是利用财务指标之间的关系对企业财务进行综合分析的一种方法。

杜邦分析利用几种主要的财务比率之间的关系来综合地分析企业的财务状况，这种分析方法最早由美国杜邦公司使用，所以现在称为杜邦分析法。杜邦分析法是一种用来评价公司盈利能力和股东权益回报水平，从财务角度评价企业绩效的一种经典方法。

杜邦分析法的基本思想是将企业净资产收益率逐级分解为多项财务比率乘积，这样有助于深入分析比较企业经营业绩。杜邦分析法第一层为净资产收益率；第二层为归属母公司股东的销售净利率、资产周转率、权益乘数；第三层为销售净利率、归属母公司股东的净利润占比、营业总收入、平均总资产、平均归属母公司股东的利益。

案例：

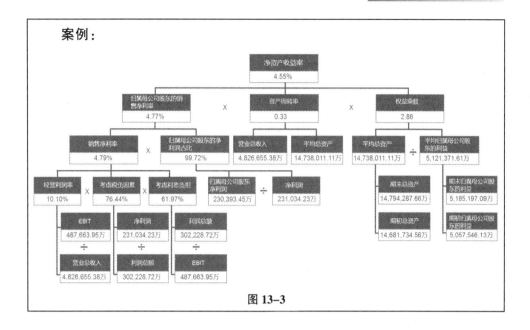

图 13-3

杜邦公式：

净资产收益率＝归属母公司的净利润÷归属母公司平均股东权益合计×100%

归属母公司股东的销售净利率＝归属母公司股东的净利润÷营业总收入

资产周转率（次）＝主营业务收入净额÷平均资产总额

权益乘数＝绝对值平均总资产÷平均归属母公司股东的利润

归属母公司股东的净利润占比＝归属母公司的净利润÷净利润×100%

平均总资产＝（期初总资产＋期末总资产）÷2

考虑税负因素＝净利润÷利润总额×100%

考虑利息负担＝利润总额÷EBIT×100%

七、会计事务所的审计方法

企业的财务通常是老板比较信任的人，专业的财务造假财务报表也是很难看出来了。因为财务报看到的是汇总，不是每一个消费的细节。能够从最中立的角度看财务报表的应该就是会计事务所的审计人员。

企业财务报表造假的目的和动机：①逃税：企业通常计少收入、计少利润、2 本账本（阴阳账）。涉及企业利润表。②融资：公司业绩不好没关系，报表做好形象让投资者知道，可以便于融资和合作。通常使用虚增资产、虚增收入的方法，涉及资产负债表和现金流量表。③稳定股价：漂亮的财务报表数据，可以稳定股价和稳定投资者信心，保证公司不被 ST 退市风险。如果报表为大亏损，那么投资者就会卖出和止损，股票价格会大跌一段时间。

虚拟报表体现在：

（1）虚增利润：应收账款上虚增收入。例如，柠檬茶一天能卖 1000 杯，20 元一杯。老板就优惠价促销 10 元一杯出售。但是报表上，应收账款上还是按 20 元一杯计算，那么利润显得就多了，但是商家实际 10 元出售给客户。

（2）虚减利润：应收账款上虚减收入。例如，柠檬茶一天能卖 1000 杯，10 元一杯。老板就加价 20 元一杯出售。但是报表上，应收账款上还是按 10 元一杯计算，那么利润显得就少了，但是商家实际 20 元出售给客户。

（3）虚减成本：采购量大，企业积压存货，从而减少成本。例如，1 杯柠檬茶 10 元一杯，10 杯柠檬茶 8 元一杯。企业直接买 10 杯，就实际减少20%的成本。但是企业还是一杯一杯地买，买了 10 杯，实际没有减少成本。但是做账时造假购物单，说一次买了 10 杯，使得虚减 20%的成本。

（4）虚增资产：对房产、土地、无形资产进行不可靠的评估。例如，价值 100 万元的企业房产，次月为了增加资产，只能说这个房产价值 200 万元，达到虚增资产的效果。

（5）支出计入：企业将相关支出计入资产成本，还是计入当期的费用中。企业将相关支出计入资产成本，就属于资本化；企业将相关支出计入当期期间费用，就属于费用化。资本化的方式计算能够扩大企业的资产以及所有者权益的规模，提高企业当期的净利润。例如，商品采购柠檬 100 个，共计 300 元。账务做账时支出的 300 元计入资产成本还是计入当期费用。

（6）乱记账、借款不入账：老板平时采购 100 万个柠檬，3 元一个，但是老板借了柠檬商 100 万元自用。为了这 100 万元借款不入账，老板跟柠檬商说："借的 100 万元我就不还了，下个月用公司公款帮你买 100 万个柠檬，你收 4 元一个就好了。"

（7）库存与产出：①企业库存了 100 个柠檬，正常是 1 个柠檬可以做 1

杯柠檬茶，100 个柠檬可以做 100 杯柠檬茶。实际报表是显示 100 个柠檬，造了 1000 杯柠檬茶，是以往 10 倍的产出，使得利润大增。②企业隐藏真实的销售收入，企业库存了 100 个柠檬，只将 60 个柠檬入账，40 个柠檬不入账，那么这 40 个柠檬制造出的 40 杯柠檬茶销售出去后，也不纳入账内核算。

企业的商品造假，也会造成股价大跌：财务报表都很不错，业绩增长也不错，但是企业的商品造假。例如，企业是生产感冒药的，但是感冒药并没有效果，不能治好人的感冒，可能还会导致人感冒加重。

外部审计常见的审查财务报表的方法：

（1）聊天沟通：上市公司都需要聘请外部会计事务所审计，外部审计人员从聊天中获得财务报表是否造假。例如，上市公司的司机出去后楼梯透个气，外部审计人员也跟着后面出去后楼梯透个气。接着就聊起天来了，审计人员问司机："最近不用出差吗？"司机说："不用啊。出差又累住得又差。"审计问："不会吧！你们出差不是都住五星级酒店吗？"司机说："老板住五星级，我住旁边的客栈。"审计问："你们不是订的两个五星级房间吗？"司机说："订是订了两间五星级房间，老板都是自费给我 300 元住旁边的客栈。五星级房间 5000 元一晚，住不起啊。但报销时，老板都叫我填 2 间 5 星级报销，不填客栈的报销。估计老板就赚 4700 元的差价吧！"

由于出差租酒店的费用基本都是列入管理费用，那么企业的营业利润就会减少。审计人员意识到，公司的企业利润表可能造假了。

（2）销售收入：销售收入一般都是稳定的，不会相差过多，除非真的有新的好商品出现了。突然某个季度销售收入大增。那么审计人员会重点查看这个季度的财务报表。通常企业的出货单编号、出货单、送货单、银行对账单、单号的连贯性来衡量。单号是连贯的，可以防止企业提供虚假的单。一般财务填错填少数据，都需要做对冲平账的。从而可以判断企业利润表的真实度。

（3）获取财务数据：审计人员通常工作上要获取财务数据，如上市公司的财务高级人员经常更换，财务人员支支吾吾说话，不愿意给数据的，那么这些数据可能会重大造假。上市公司的财务高级人员年薪本来就高，经常更换人也有可能不愿意帮助上市公司造假数据，导致个人原因离职。

（4）房产评估：审计人员通过出差，了解上市公司所在地的房产价格，通过实地调查和验证。例如房产才值 100 万元，企业自己评估为 500 万元，那么就造成企业资产虚增了。

第五节　总结

中长线投资，投资者需要了解一些财务报表的内容。投资者也需要了解上市公司如何财务造假、从哪些方面造假、造假的目的，可以从会计师事务所审计方法上了解，如果连会计师事务所都帮助上市公司造假，上市公司财务报表业绩这么漂亮，那么投资股票的资金亏损了，你就只能认了。

财务报表造假的上市公司也会有，会计师事务所帮助上市公司造假财务报表也会有，仅仅从财务报表上查看，是看不出猫腻的。毕竟细节的单据和合同、出货单都没有，无法验证每一项数据。上市公司的财务报表，通常是保荐机构和会计师事务所核查。企业的财务核心人员，通常是老板信任的人或亲友，造假的概率可能会大一些。

全球五大会计师事务所变成四大会计师事务所。原先五大会计师事务所：安达信、德勤、安永、毕马威和普华永道。现在四大会计师事务所：德勤、安永、毕马威和普华永道。其中安达信企业是因帮助企业财务造假，最后受牵连而倒下了。利益驱使会计师事务所帮助安然造假，据说高达 2700 万美元的咨询服务费。其后，四大会计师事务所肯定就严格地审计企业财务相关内容了，否则一出差错，就可能会像安达信一样。

资本如果有 50% 的利润，它就铤而走险；为了 100% 的利润，它就敢践踏一切人间法律；有 300% 的利润，它就敢犯任何罪行，甚至冒绞首的危险（马克思）。

由此可见，虽说是长线投资，偶尔还是需要回来查看投资的股票的财务报表、新闻消息。在没有收到重大利空消息时，就可继续持股待涨。

中长线投资成功的案例：

招商银行（600036）：

从 2014 年 10 月 31 日到 2018 年 11 月 13 日，股票价格从 9.03 元涨到 28.58 元，历时 4 年时间。平均每年收益 50% 左右。

图 13-4

山东黄金（600547）：

从 2006 年 10 月 31 日到 2018 年 11 月 13 日，股票价格从 3.00 元涨到 25.55 元，历时 12 年时间。平均每年收益也在 50% 以上，还未计算中途每年的分红配股送股。

图 13-5

投资者需要持股较长的一段时间，才能有所回报。如果中间经常操作，那么可能会错过涨的时间。所以投资的资金一定要记住是闲置资金。突然急用需要取回，那么这笔资金是不适合中长线炒股的，只适合用于短线炒股。

2019 年推出科创板，投资科创板 3 年左右应该有不错的收益。新事物出来，肯定大涨大跌，活跃性高，同时风险大、收益高。

上证指数 1991 年 12 月 31 日开盘价为 131.70，1993 年 2 月 26 日收盘价为 1339.88。1 年 3 个月时间涨了 10 倍。

1991-12-31 周二		1993-02-26 周五	
开盘	131.70	开盘	1242.35
最高	134.80	最高	1558.95
最低	131.70	最低	1196.47
收盘	134.30	收盘	1339.88
涨跌幅	1.97%	涨跌幅	11.80%
涨跌额	2.60	涨跌额	141.40
成交量	27.15万	成交量	1227.58万

图 13-6

创业板（399006）2010 年 6 月 30 日开盘价为 967.61，2015 年 5 月 29 日收盘价为 3542.84。5 年时间涨了 4 倍。

2010-06-30 周三		2015-05-29 周五	
开盘	967.61	开盘	2868.10
最高	1129.68	最高	3677.32
最低	881.36	最低	2753.87
收盘	919.31	收盘	3542.84
涨跌幅	-4.99%	涨跌幅	23.97%
涨跌额	-48.30	涨跌额	684.95
成交量	2939.04万	成交量	3.52亿

图 13-7

上证指数和创业板出现后都涨这么多，科创板出现后会涨了一点。

第十四章 安全度较高的股票

由于银行股、证券股、石油股里面流通市值较大的个股不容易给单个机构控盘，所以安全度相对其他板块的个股安全。其他板块的个股跌20%，这三个板块流通市值较大的股可能也就跌10%，同理，其他板块涨20%，这三个板块流通市值较大的股可能也就涨10%。个人认为，安全边际最高依次是石油股 > 银行股 > 证券股。

第一节　石油股

表 14-1

股票代码	股票名称	流通市值（亿元）	2018年1月最低价格（元）	2018年11月15日最低价格（元）	涨跌幅相差（元）
601857	中国石油	13000	7.93	7.81	−0.12
600028	中国石化	5753	5.67	5.96	+0.29

目前中国石油都在7~8元波动，中国石化都在5~6元波动。2008年头到2018年尾基本都在这个价位上下波动，比较稳定。记得中国石油是从48元跌到8元左右的，现在已经非常抗跌了。所以，现在非常适合打新股的投资者购买，买入中国石油，就可以有额度打新股了。

A问："中国石油赚钱吗？"

B答："肯定赚啊，人们天天开车要加油，飞机天天要载乘客也要加油，轮船要运输也要加油，石油能不赚钱吗？"

A 问："为什么中国石油股价还不涨？不是说股价与公司实体业绩挂钩的吗？"

B 答："因为之前股价被外界爆炒了，现在 8 元左右是合理估值水平。虽然现在中国石油基本面都很好，但是流通市值太大了，要拉涨停回到 48 元需要很大的资金。理财有风险，投资需谨慎。"

目前，中国石油（7~8 元）是最稳定的股票，买入中国石油可以获得足额的打新股额度，非常适合不炒股但想天天打新股的股民。

第二节　银行股

表 14-2

股票代码	股票名称	流通市值（亿元）	2018 年 1 月最低价格（元）	2018 年 11 月 15 日最低价格（元）	涨跌幅相差（元）
000001	平安银行	1810	12.66	10.42	-2.24
002142	宁波银行	784	17.09	16.81	-0.28
002807	江阴银行	40.2	7.68	5.52	-2.16
002839	张家港行	51.5	9.98	5.96	-4.02
002936	郑州银行	33.6	5.51（次新股）	5.53	+0.02
600000	浦发银行	3018	12.47	10.65	-1.82
600015	华夏银行	1012	8.83	7.82	-1.01
600016	民生银行	2266	6.91	6.12	-0.79
600036	招商银行	5842	28.10	28.08	-0.02
600908	无锡银行	47.1	7.68	5.69	-1.99
600919	江苏银行	393	7.13	6.48	-0.65
600926	杭州银行	164	8.02	7.80	-0.22
601009	南京银行	603	7.38	7.08	-0.3
601128	常熟银行	64.3	6.93	6.32	-0.61
601166	兴业银行	3016	16.31	15.68	-0.63
601169	北京银行	1106	6.80	5.98	-0.82

股票代码	股票名称	流通市值（亿元）	2018 年 1 月最低价格（元）	2018 年 11 月 15 日最低价格（元）	涨跌幅相差（元）
601229	上海银行	612	9.83	11.69	+1.86
601288	农业银行	11000	3.59	3.58	−0.01
601328	交通银行	2304	5.90	5.76	−0.14
601398	工商银行	14000	5.78	5.30	−0.48
601577	长沙银行	32.7	9.59（次新股）	9.36	−0.23
601818	光大银行	1545	3.85	3.81	−0.04
601838	成都银行	31.6	8.18	8.54	+0.36
601939	建设银行	639	7.18	6.61	−0.57
601988	中国银行	7588	3.74	3.57	−0.17
601997	贵阳银行	147	13.01	11.60	−1.41
601998	中信银行	1838	5.92	5.67	−0.25
603323	吴江银行	40.7	8.05	6.37	−1.68

有四大银行之称的银行是中国银行、中国农业银行、中国工商银行、中国建设银行。笔者认为，四大银行的股票安全度较高，股价波动幅度相对较低。适应买入长线，牛市来了也不会错过行情，同时也有额度资格打新股。

笔者认为平安银行、招商银行、浦发银行、中信银行、建设银行的创新力度不错，尤其在互联网上的发展。建设银行是我国第一家推出无人银行的银行，没有柜员、没有大堂经理，堂内全是监控摄像头，有足够的安全度。平安银行也给笔者印象挺深刻，之前去平安银行办卡，拿着身份证放在机器上扫描，回答机器里的远程客户经理的几个问题，对着摄像头确认，银行卡就从机器里出来了。

第三节　证券股

表 14-3

股票代码	股票名称	流通市值（亿元）	2018 年 1 月最低价格（元）	2018 年 11 月 19 日最低价格（元）	涨跌幅相差（元）
000166	申万宏源	963	5.19	4.67	-0.52
000686	东北证券	174	8.34	7.30	-1.04
000712	锦龙股份	102	15.57	11.01	-4.56
000728	国元证券	250	10.09	7.67	-2.42
000750	国海证券	217	4.73	4.82	+0.09
000776	广发证券	846	16.18	13.80	-2.38
000783	长江证券	338	7.49	5.76	-1.73
002500	山西证券	195	8.83	6.61	-2.22
002670	国盛金控	79.4	12.89	11.85	-1.04
002673	西部证券	325	11.67	8.93	-2.74
002736	国信证券	797	10.59	9.25	-1.34
002797	第一创业	116	9.54	5.78	-3.76
002926	华西证券	53.1	11.30（次新股）	9.55	-1.75
002939	长城证券	40.5	7.57（次新股）	12.20	+4.63
600030	中信证券	1774	17.68	17.52	-0.16
600061	国投资本	458	12.92	10.61	-2.31
600109	国金证券	251	9.13	8.03	-1.10
600155	华创阳安	105	10.22	8.79	-1.43
600369	西南证券	244	4.54	4.17	-0.37
600621	华鑫股份	54.3	12.12	9.93	-2.19
600837	海通证券	822	12.58	9.88	-2.70
600909	华安证券	159	7.18	5.53	-1.65
600958	东方证券	534	13.33	9.91	-3.42
600999	招商证券	732	16.60	14.37	-2.23

续表

股票代码	股票名称	流通市值（亿元）	2018年1月最低价格（元）	2018年11月19日最低价格（元）	涨跌幅相差（元）
601066	中信建投	43.2	6.50（次新股）	9.86	+3.36
601099	太平洋	201	3.62	3.03	-0.59
601108	财通证券	219	17.52	8.66	-8.86
601162	天风证券	40.2	2.15（次新股）	6.92	+4.77
601198	东兴证券	318	11.78	11.14	-0.64
601211	国泰君安	1244	17.97	16.12	-1.85
601375	中原证券	93.4	6.04	4.95	-1.09
601377	兴业证券	378	7.03	5.21	-1.82
601555	东吴证券	223	9.23	7.41	-1.82
601688	华泰证券	977	17.00	17.48	+0.48
601788	光大证券	413	13.15	10.58	-2.57
601878	浙商证券	106	15.13	8.20	-6.93
601881	中国银河	101	9.99	7.87	-2.12
601901	方正证券	490	6.83	5.76	-1.07
601990	南京证券	30.1	4.55（次新股）	10.22	+5.67

　　牛市基本每一次都是证券股领导整个证券市场涨停板，带动市场活跃。如果股票经过暴跌，然后横盘3年左右，那么应该可以逐渐建仓位证券股了，以防错过牛市。

　　2018年10月前，证券股基本都已经跌很多了，基本跌幅在20%~50%间。2018年10月底和2018年11月间已经回升涨了很多，但证券股还是跌得比较多。预计2019~2020年来一波小牛市概率也是比较大的，牛市就是证券股先带动行情活跃。

第四节　总结

　　恭喜您，通过本章的学习，了解到流通市值越大的股，越不容易被机构控盘。由于股票价格稳定，那么投资者交易量就会少，流动性就差。市值大的股，非常适合投资者买来获得资格申购新股，万一买的股票还能大涨和抽中新股，那就会赚很多买柠檬茶的钱了。

　　个人认为中国石油、中国石化、农业银行、工商银行的股票都是比较适合投资者用于获得新股申购额度的。

第十五章　每月投资的股票种类*

股票是一个有涨有跌的资本游戏，不可能只涨不跌，也不可能只跌不涨，只有波动才会使投资者资金流动更快更多，只有波动才会有交易，才会产生各种手续费。

投资股票要懂投资市场的规则和规率。游戏的制定者，要的是市场稳定和帮助企业筹措资金，提供良好的平台。玩游戏的人要想赚钱，通常会事与愿违，因为不懂规则和规率。游戏总有少数人能弄清楚规则和规率，然后不按规则出牌，最后这群高手既能赚钱，也不会赚尽所有资金才退出游戏，而是赚得差不多，留少量筹码给投资用户赚钱。

比如一只股票能涨到 50 元，高手会在 40~45 元慢慢撤离，留 10%~20% 上升空间给普通投资者用户赚钱。如果一点空间都不留，那么机构大量股票是不可能卖得完的。

因为股票每个行业的板块都应该轮动涨或轮动跌，不可能每个月所有板块都涨。按历史 5 年的数据分析，推算每月的涨或跌规则，笔者感觉此方法挺适合投资者使用。比如每天让你去买杯饮料喝，今天可能会喝柠檬茶，明天可能会喝珍珠奶茶，后天可能会喝柚子茶。很少有消费者会一年 365 天都喝同一款饮料，这个就是轮动性。

下面提供真实的数据，实例教导投资者分析每个月究竟哪一些板块涨的概率较大，此方法供投资者参考。

---

* 本章内容完成于 2018 年 12 月，数据仅供参考。

第一节　1月

上证指数的数据。

表 15-1

日期	最低指数	最高指数	涨跌幅（%）
2018 年 1 月	3314.03	3587.03	+5.25
2017 年 1 月	3044.29	3174.58	+1.79
2016 年 1 月	2638.30	3538.69	−22.65
2015 年 1 月	3095.07	3406.79	−0.75
2014 年 1 月	1984.82	2113.11	−3.92

最近 5 年 1 月的平均涨跌幅为−4.056%。

计算过程：［5.25% + 1.79% +（−22.65%）+（−0.75%）+（−3.92%）］÷ 5 = −20.28% ÷ 5 = −4.056%。

预计 2019 年 1 月上证指数涨的概率较大，预计涨幅为 2%左右。

个股：中国石油（601857）。

表 15-2

日期	最低价格（元）	最高价格（元）	涨跌幅（%）
2018 年 1 月	7.93	9.41	+11.38
2017 年 1 月	7.66	8.55	+8.81
2016 年 1 月	6.73	8.07	−10.67
2015 年 1 月	10.22	12.58	+7.68
2014 年 1 月	6.82	7.07	−2.21

最近 5 年 1 月的平均涨跌幅为+2.998%。

计算过程：［11.38% + 8.81% +（−10.67%）+ 7.68% +（−2.21%）］÷ 5 = 14.99% ÷ 5 = +2.998%。

预计 2019 年 1 月中国石油涨的概率较大，预计涨幅为 2%左右。

本章内容写于 2018 年，2019 年数据为推测。

第二节　2 月

上证指数的数据。

表 15-3

日期	最低指数	最高指数	涨跌幅（%）
2018 年 2 月	3062.74	3495.09	−6.36
2017 年 2 月	3132.03	3264.08	+2.61
2016 年 2 月	2638.96	2933.96	−1.81
2015 年 2 月	3049.11	3324.55	+3.11
2014 年 2 月	2014.38	2177.98	+1.14

最近 5 年 2 月的平均涨跌幅为 −0.262%。

计算过程：$[(-6.36\%) + 2.61\% + (-1.81\%) + 3.11\% + 1.14] ÷ 5 = -1.31\% ÷ 5 = -0.262\%$。

预计 2019 年 2 月上证指数涨幅为 5% 左右。

个股（航空股）：中国国航（601111）。

表 15-4

日期	最低价格（元）	最高价格（元）	涨跌幅（%）
2018 年 2 月	11.34	14.38	+4.62
2017 年 2 月	7.16	8.14	+4.22
2016 年 2 月	5.74	6.85	−5.10
2015 年 2 月	6.40	7.70	+2.73
2014 年 2 月	3.42	3.71	−1.05

最近 5 年 2 月的平均涨跌幅为 +1.084%。

计算过程：$[4.62\% + 4.22\% + (-5.10\%) + 2.73\% + (-1.05\%)] ÷ 5 = 5.42\% ÷ 5 = 1.084\%$。

个股（航空股）：南方航空（600029）。

表 15-5

日期	最低价格（元）	最高价格（元）	涨跌幅（%）
2018 年 2 月	10.34	12.78	+0.34
2017 年 2 月	6.94	7.95	+5.18
2016 年 2 月	5.44	6.77	−7.29
2015 年 2 月	4.21	5.03	+4.01
2014 年 2 月	2.40	2.62	−1.49

最近 5 年 2 月的平均涨跌幅为+0.15%。

计算过程：[0.34% + 5.18% + (−7.29%) + 4.01% + (−1.49%)] ÷ 5 = 0.75% ÷ 5 = 0.15%。

预计 2019 年 2 月航空股涨的概率较大，涨的幅度预计为 5%左右。

说明：2 月是农历新年的月份，每个城市的创业者和打工者都会回家乡探望家人，需要坐飞机和坐火车，航空机票预计也会销量较大，所以 2 月购买航空股应该可以有一点收益吧！

年前，反正股票也涨不了多少，笔者会取出部分资金消费，使得有过新年的气氛，促进社会发展！

第三节　3 月

上证指数的数据。

表 15-6

日期	最低指数	最高指数	涨跌幅（%）
2018 年 3 月	3091.46	3333.88	−2.78
2017 年 3 月	3193.16	3283.24	−0.59
2016 年 3 月	2668.76	3028.32	+11.75
2015 年 3 月	3198.37	3835.57	+13.22
2014 年 3 月	1974.38	2079.55	−1.12

最近 5 年 3 月的平均涨跌幅为 +4.096%。

计算过程：［(−2.78%) + (−0.59%) + 11.75% + 13.22% + (−1.12%)］÷ 5 = 20.48% ÷ 5 = 4.096%。

预计 2019 年 3 月上证指数涨的概率较大，预计涨幅为 4% 左右。

个股（软件与服务股）：恒生电子（600570）。

表 15−7

日期	最低价格（元）	最高价格（元）	涨跌幅（%）
2018 年 3 月	47.13	59.91	+25.22
2017 年 3 月	41.48	47.35	−9.26
2016 年 3 月	33.20	62.56	+67.59
2015 年 3 月	74.98	114.47	+40.65
2014 年 3 月	19.08	21.14	+5.66

最近 5 年 3 月的平均涨跌幅为 +25.972%。

计算过程：［25.22% + (−9.26%) + 67.59% + 40.65% + 5.66%］÷ 5 = 129.86% ÷ 5 = 25.972%。

个股（软件与服务股）：同花顺（300033）。

表 15−8

日期	最低价格（元）	最高价格（元）	涨跌幅（%）
2018 年 3 月	44.99	53.63	+8.91
2017 年 3 月	61.84	69.35	−6.67
2016 年 3 月	49.17	79.94	+48.13
2015 年 3 月	37.21	63.99	+40.68
2014 年 3 月	5.03	6.08	−6.23

最近 5 年 3 月的平均涨跌幅为 +16.964%。

计算过程：［8.91% + (−6.67%) + 48.13% + 40.68% + (−6.23%)］÷ 5 = 84.82% ÷ 5 = 16.964%。

预计 2019 年 3 月软件与服务相关股票涨的概率较大，各大城市的人员也开始回到岗位努力工作，工作就需要使用计算机、手机和相关的软件。

说明：3月是年后的第一个月，许多用户过年剩下的资金或赚到的资金可能会投资回股票市场，来来回回地使用计算机软件转入转出资金，所以3月大盘行情涨，软件与服务的股票涨得更多。反之，如果大盘跌，软件与服务的股票可能跌得更多。

第四节　4月

上证指数的数据。

表15-9

日期	最低指数	最高指数	涨跌幅（%）
2018年4月	3041.62	3220.85	−2.74
2017年4月	3097.33	3295.19	−2.11
2016年4月	2905.05	3097.16	−2.18
2015年4月	3742.21	4572.39	+18.51
2014年4月	1997.64	2146.67	−0.34

最近5年4月的平均涨跌幅为+2.228。

计算过程：$[(-2.74\%)+(-2.11\%)+(-2.18\%)+18.51\%+(-0.34\%)] \div 5 = 11.14\% \div 5 = 2.228\%$。

预计2019年4月上证指数涨的概率较大，预计涨幅为1%左右。连续4年4月份跌不太可能。

个股（港口股）：盐田港（000088）。

表15-10

日期	最低价格（元）	最高价格（元）	涨跌幅（%）
2018年4月	7.04	8.09	+1.91
2017年4月	7.92	12.01	+21.35
2016年4月	6.43	7.19	−7.49
2015年4月	10.76	13.23	+4.47
2014年4月	5.05	6.05	−1.42

最近 5 年 4 月的平均涨跌幅为+3.764%。

计算过程：〔1.91% + 21.35% +（−7.49%）+ 4.47% +（−1.42%）〕÷ 5 = 18.82% ÷ 5 = 3.764%。

个股（港口股）：大连港（601880）。

表 15−11

日期	最低价格（元）	最高价格（元）	涨跌幅（%）
2018 年 4 月	2.41	2.57	−2.40
2017 年 4 月	2.85	3.38	−1.93
2016 年 4 月	2.34	2.95	−12.83
2015 年 4 月	2.78	3.58	+15.35
2014 年 4 月	0.98	1.10	+7.11

最近 5 年 4 月的平均涨跌幅为 +1.060%。

计算过程：〔（−2.40%）+（−1.93%）+（−12.83%）+ 15.35% + 7.11%〕÷ 5 = 5.3% ÷ 5 = 1.060%。

预计 2019 年 4 月港口相关股票的上涨概率较大，预计涨幅 2% 左右。

表 15−12　2018 年 4 月规模以上港口货物、旅客吞吐量

单位：万吨、万人

	货物吞吐量			其中：外贸货物吞吐量			旅客吞吐量		
	自年初累计	本月	为去年同期（%）	自年初累计	本月	为去年同期（%）	自年初累计	本月	为去年同期（%）
全国合计	421295	109438	100.9	136010	34135	102.6	3448	845	102.5
沿海合计	297552	76536	103.3	121881	30524	102.9	3120	744	103.8
辽宁省合计	35034	8584	97.0	8816	2170	104.1	66	49	98.2
丹东	3357	769	67.2	489	133	84.9	3	1	103.1
大连	15389	3822	102.2	4894	1254	103.5	163	49	98.5
营口	12726	3060	101.0	3001	700	107.9	—	—	26.4
锦州	3562	933	103.3	433	82	114.4	—	—	—
河北省合计	36138	8887	104.0	10450	2564	91.7	1		73.9
秦皇岛	7996	1938	99.7	403	100	88.9	1	—	73.9

续表

	货物吞吐量			其中：外贸货物吞吐量			旅客吞吐量		
	自年初累计	本月	为去年同期(%)	自年初累计	本月	为去年同期(%)	自年初累计	本月	为去年同期(%)
黄骅	9027	2173	104.1	1453	291	107.4	—	—	—
唐山	19115	4777	105.9	8595	2172	89.7	—	—	—
天津	15508	3941	90.3	8622	2028	90.6	16	6	77.2
山东省合计	47292	12278	105.3	28136	7115	108.8	255	77	94.9
烟台	13941	3791	111.5	4498	1136	129.2	203	66	97.5
威海	1605	433	71.8	812	213	82.5	47	11	88.5
青岛	17117	4331	100.8	12748	3175	104.6	2	—	42.7
日照	14629	3723	110.9	10078	2591	109.4	3	1	99.9
上海	22043	5960	96.5	13025	3600	97.2	104	20	104.3
江苏省合计	10321	2705	106.9	4583	1087	99.5	5	1	88.4
连云港	7214	1912	104.4	3914	950	102.0	5	1	88.4
盐城	3107	793	113.3	669	137	87.3	—	—	—
广东省合计	56726	14498	108.7	18306	4501	106.0	1310	297	110.0
汕头	1315	340	81.7	533	115	151.9	—	—	—
汕尾	415	88	109.5	119	18	53.0	—	—	—
惠州	2265	585	123.7	1096	258	128.8	—	—	—
深圳	7668	1985	108.9	5828	1500	99.6	227	58	112.0
虎门	4834	1306	104.3	1125	237	107.0	8	2	97.0
广州	19242	5101	110.7	4338	1090	106.4	37	11	110.3

数据来源：中华人民共和国交通运输部官方网站，http://zizhan.mot.gov.cn/zfxxgk/bnssj/zhghs/201805/t20180515_3020393.html。

说明：从上述数据可见，4 月的实际货物吞吐量、外贸货物吞吐量、旅客吞吐量比较大。投资者是否买入港口相关股票，还可以参考中华人民共和国交通运输部官方网站，该网站提供真实和准确的吞吐量数据信息给我们参考，如果交通运输吞吐量不错，那么港口相关股票的行情应该也是不错的。

第五节 5月

上证指数的数据。

表 15-13

日期	最低指数	最高指数	涨跌幅（%）
2018 年 5 月	3041.00	3219.74	+0.43
2017 年 5 月	3016.53	3154.78	-1.19
2016 年 5 月	2780.76	3004.42	-0.74
2015 年 5 月	4099.04	4986.50	+3.83
2014 年 5 月	1991.06	2061.06	+0.63

最近 5 年 5 月的平均涨跌幅为+0.592%。

计算过程：［0.43 + (-1.19%) + (-0.74%) + 3.83% + 0.63］÷ 5 = 2.96% ÷ 5 = 0.592%。

预计 2019 年 5 月上证指数涨的概率较大，预计涨幅为 1% 左右。

个股（医疗股）：通策医疗（600763）。

表 15-14

日期	最低价格（元）	最高价格（元）	涨跌幅（%）
2018 年 5 月	7.04	8.09	+1.91
2017 年 5 月	7.92	12.01	+21.35
2016 年 5 月	6.43	7.19	-7.49
2015 年 5 月	10.76	13.23	+4.47
2014 年 5 月	5.05	6.05	-1.42

最近 5 年 5 月的平均涨跌幅为+3.764%。

计算过程：［1.91% + 21.35% + (-7.49%) + 4.47% + (-1.42%)］÷ 5 = 18.82% ÷ 5 = 3.764%。

个股（医疗股）：鱼跃医疗（002223）。

表 15-15

日期	最低价格（元）	最高价格（元）	涨跌幅（%）
2018 年 5 月	19.65	22.91	+14.83
2017 年 5 月	20.39	22.65	+0.37
2016 年 5 月	18.34	21.09	+9.44
2015 年 5 月	26.06	38.50	+21.03
2014 年 5 月	12.85	15.74	+6.74

最近 5 年 5 月的平均涨跌幅为+10.482。

计算过程：［14.83% + 0.37% + 9.44% + 21.03% + 6.74%］÷ 5 = 52.41% ÷ 5 = 10.482%。

预计 2019 年 5 月医疗相关股票的上涨概率较大，预计涨幅 3%左右。 有的医疗股已经连续 5 年的 5 月都红盘，那么会不会出现绿盘呢？ 股票是涨久必跌、跌久必涨的实际情况，5 月也是流感的季节，人感冒了就会看医生和买药，最后使得医疗相关的上市企业业绩有所提升。

药品的公告通知：

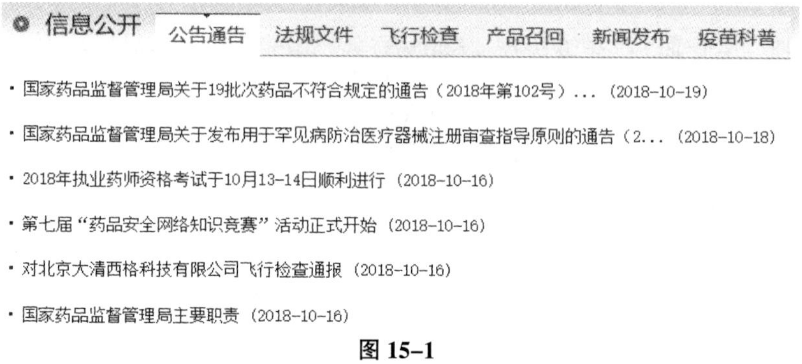

图 15-1

数据来源：国家药品监督管理局，http：//www.nmpa.gov.cn。

说明：股票市场上的新闻信息可能没有实时更新，如果你从国家药品监督管理局的官方网站能获得更快更准确的信息，那么就可以容易发现药品股的利好和利空。发现利空信息，刚好是某个上市公司生产的，而你又持股票了，那么可以先卖出，观望一下。发现利好信息，那么你可以建点仓，可能会有一些涨幅。

第六节　6月

上证指数的数据。

表 15-16

日期	最低指数	最高指数	涨跌幅（%）
2018 年 6 月	2782.38	3128.72	−8.01
2017 年 6 月	3078.79	3193.46	+2.41
2016 年 6 月	2807.60	2945.94	+0.45
2015 年 6 月	3847.88	5178.19	−7.25
2014 年 6 月	2010.53	2087.32	+0.45

最近 5 年 6 月的平均涨跌幅为−2.39%。

计算过程：$[(-8.01\%) + 2.41\% + 0.45\% + (-7.25\%) + 0.45] \div 5 = -11.95\% \div 5 = -2.39\%$。

预计 2019 年 6 月上证指数跌的概率较大，预计跌幅为−2%左右。

个股（汽车服务股）：特力 A（000025）。

表 15-17

日期	最低价格（元）	最高价格（元）	涨跌幅（%）
2018 年 6 月	30.22	36.40	−7.48
2017 年 6 月	31.35	56.59	+48.93
2016 年 6 月	49.10	73.92	+29.25
2015 年 6 月	18.23	32.49	−16.05
2014 年 6 月	8.85	10.51	−8.28

最近 5 年 6 月的平均涨跌幅为+9.274%。

计算过程：$[(-7.48\%) + 48.93\% + 29.25\% + (-16.05\%) + (-8.28\%)] \div 5 = 46.37\% \div 5 = 9.274\%$。

个股（汽车服务股）：亚夏汽车（002607）。

表 15-18

日期	最低价格（元）	最高价格（元）	涨跌幅（%）
2018 年 6 月	8.29	15.08	+32.16
2017 年 6 月	3.97	4.99	+8.93
2016 年 6 月	5.61	6.46	+4.65
2015 年 6 月	5.34	7.11	+20.28
2014 年 6 月	2.54	2.74	+5.22

最近 5 年 6 月的平均涨跌幅为+14.248%。

计算过程：[32.16% + 8.93% + 4.65% + 20.28% + 5.22%] ÷ 5 = 71.24% ÷ 5 = 14.248%。

预计 2019 年 6 月上证指数的下跌概率较大，汽车服务股的上涨概率较大，预计汽车服务股涨幅为 2%左右。有的汽车服务类的股票已经连续 5 年 6 月上涨了，能否持续 6 年上涨呢？个人认为涨幅会渐渐缩小，不会涨太多。

个股（畜禽养殖股）：圣农发展（002299）。

表 15-19

日期	最低价格（元）	最高价格（元）	涨跌幅（%）
2018 年 6 月	14.11	16.84	+0.98
2017 年 6 月	12.50	15.67	+14.38
2016 年 6 月	22.98	25.68	-0.84
2015 年 6 月	16.36	24.20	+18.03
2014 年 6 月	9.53	11.28	+13.52

最近 5 年 6 月的平均涨跌幅为+9.214%。

计算过程：[0.98% + 14.38% + (-0.84%) + 18.03% + 13.52%)] ÷ 5 = 46.07% ÷ 5 = 9.214%。

个股（畜禽养殖股）：民和股份（002234）。

表 15-20

日期	最低价格（元）	最高价格（元）	涨跌幅（%）
2018 年 6 月	10.71	15.18	−12.93
2017 年 6 月	10.37	13.78	+14.65
2016 年 6 月	26.27	33.33	−7.83
2015 年 6 月	13.73	20.50	+16.76
2014 年 6 月	7.24	8.08	+0.92

最近 5 年 6 月的平均涨跌幅为+2.314%。

计算过程：[（−12.93%）+ 14.65% +（−7.83%）+ 16.76% + 0.92%）] ÷ 5 = 11.57% ÷ 5 = 2.314%。

预计 2019 年 6 月上证指数下跌概率较大，畜禽养殖股的上涨概率较大，预计畜禽养殖股涨幅为4%左右。个人认为畜禽养殖股 6 月涨幅力度应该不错的，可以关注一下。

第七节　7 月

上证指数的数据。

表 15-21

日期	最低指数	最高指数	涨跌幅（%）
2018 年 7 月	2691.02	2915.30	+1.02
2017 年 7 月	3139.50	3276.95	+2.52
2016 年 7 月	2922.52	3069.05	+1.70
2015 年 7 月	3373.54	4317.05	−14.34
2014 年 7 月	2033.00	2202.13	+7.48

最近 5 年 7 月的平均涨跌幅为−0.324%。

计算过程：[1.02% + 2.52% + 1.70% +（−14.34%）+ 7.48%] ÷ 5 = −1.62% ÷ 5 = −0.324%。

预计 2019 年 7 月上证指数涨的概率较大，预计涨幅为 1%左右。连续三年大盘都是小涨幅，第四年持续小涨应该没有问题。

个股（银行股）：招商银行（600036）。

表 15-22

日期	最低指数	最高指数	涨跌幅（%）
2018 年 7 月	23.92	28.95	+2.79
2017 年 7 月	22.10	25.41	+6.94
2016 年 7 月	15.58	16.38	+2.04
2015 年 7 月	14.80	18.72	-4.14
2014 年 7 月	8.32	9.69	+15.06

最近 5 年 7 月的平均涨跌幅为+4.538%。

计算过程：$[2.79\% + 6.94\% + 2.04\% + (-4.14\%) + 15.06] \div 5 = 22.69\% \div 5 = 4.538\%$。

个股（银行股）：平安银行（000001）。

表 15-23

日期	最低价格（元）	最高价格（元）	涨跌幅（%）
2018 年 7 月	8.32	9.59	+5.30
2017 年 7 月	8.99	11.09	+15.31
2016 年 7 月	8.41	8.96	+5.75
2015 年 7 月	9.57	12.23	-15.00
2014 年 7 月	6.26	7.30	+9.68

最近 5 年 7 月的平均涨跌幅为+4.208%。

计算过程：$[5.30\% + 15.31\% + 5.75\% + (-15.00\%) + 9.68\%] \div 5 = 21.04\% \div 5 = 4.208\%$。

预计 2019 年 7 月上证指数小幅上涨，银行股的上涨概率较大，预计银行股涨幅为 4%左右。从数据上看，上证指数上涨，银行股均上涨；上证指数下跌，银行股均下跌。但是银行股在上涨时均涨得比上证指数多，可见银行股与上证指数的行情非常相似。

个股（黄金股）：山东黄金（600547）。

表 15-24

日期	最低指数	最高指数	涨跌幅（%）
2018 年 7 月	22.95	25.30	+2.26
2017 年 7 月	28.28	32.85	+10.33
2016 年 7 月	39.01	50.59	+17.73
2015 年 7 月	14.43	24.59	−29.23
2014 年 7 月	15.17	16.73	+7.60

最近 5 年 7 月的平均涨跌幅为+1.738%。

计算过程：〔2.26% + 10.33% + 17.73% +（−29.23%）+ 7.60〕÷ 5 = 8.69% ÷ 5 = 1.738%。

个股（黄金股）：中金黄金（600489）。

表 15-25

日期	最低价格（元）	最高价格（元）	涨跌幅（%）
2018 年 7 月	6.47	7.16	+2.49
2017 年 7 月	9.87	11.24	+9.40
2016 年 7 月	11.24	16.00	+26.15
2015 年 7 月	7.44	11.94	−27.29
2014 年 7 月	7.01	8.19	+15.59

最近 5 年 7 月的平均涨跌幅为+5.268%。

计算过程：〔2.49% + 9.40% + 26.15% +（−27.29%）+ 15.59%〕÷ 5 = 26.34% ÷ 5 = 5.268%。

个股（黄金股）：湖南黄金（002155）。

表 15-26

日期	最低价格（元）	最高价格（元）	涨跌幅（%）
2018 年 7 月	6.56	7.28	+2.05
2017 年 7 月	9.45	10.60	+9.82
2016 年 7 月	13.03	16.49	+5.16
2015 年 7 月	7.62	12.44	−26.71
2014 年 7 月	7.44	9.23	+21.39

最近 5 年 7 月的平均涨跌幅为+2.342%。

计算过程：[2.05%＋9.82%＋5.16%＋（－26.71%）＋21.39%]÷5＝11.71%÷5＝2.342%。

预计 2019 年 7 月上证指数小幅上涨，黄金股的上涨概率较大，预计黄金股涨幅为 3%左右。从 7 月数据上看，上证指数上涨，黄金股均上涨；上证指数下跌，黄金股均下跌。

总而言之，7 月上证指数保持不跌时，黄金股和银行股都是赚买菜钱不错的选择。

第八节　8 月

上证指数的数据。

表 15-27

日期	最低指数	最高指数	涨跌幅（%）
2018 年 8 月	2653.11	2897.40	－5.25
2017 年 8 月	3200.75	3376.65	＋2.68
2016 年 8 月	2931.96	3140.44	＋3.56
2015 年 8 月	2850.71	4006.34	－12.49
2014 年 8 月	2180.60	2248.94	＋0.71

最近 5 年 8 月的平均涨跌幅为－2.158%。

计算过程：[（－5.25%）＋2.68%＋3.56%＋（－12.49%）＋0.71]÷5＝－10.79%÷5＝－2.158%。

预计 2019 年 8 月上证指数上涨的概率较大，预计涨幅为 1%左右。

个股（地产股）：万科 A（000002）。

表 15-28

日期	最低指数	最高指数	涨跌幅（%）
2018 年 8 月	19.75	24.40	+7.16
2017 年 8 月	20.22	22.73	+2.79
2016 年 8 月	15.73	25.76	+45.45
2015 年 8 月	11.20	14.23	−2.68
2014 年 8 月	7.79	8.63	−7.88

最近 5 年 8 月的平均涨跌幅为+8.968%。

计算过程：[7.16%+2.79%+45.45%+（−2.68%）+（−7.88%）]÷5＝44.84%÷5＝8.968%。

个股（地产股）：保利地产（600048）。

表 15-29

日期	最低指数	最高指数	涨跌幅（%）
2018 年 8 月	10.40	12.44	+1.24
2017 年 8 月	9.52	10.34	−1.90
2016 年 8 月	8.28	10.17	+9.02
2015 年 8 月	6.29	9.16	−8.69
2014 年 8 月	4.93	5.42	−5.66

最近 5 年 8 月的平均涨跌幅为−1.198%。

计算过程：[1.24%＋（−1.90%）＋9.02%＋（−8.69%）＋（−5.66%）]÷5＝−5.99%÷5＝−1.198%。

预计 2019 年 8 月上证指数小幅下跌，地产股稳定发展，地产股预测涨 2%左右。8 月离金九银十的日子很接近，很多地产商为了准备销售楼盘，很多利好的新闻都会提前公布。只要利好新闻公布，那么证券市场就会涨。

金九银十是一个时间的概念，9 月和 10 月是农业收获的季节，是学生刚放完暑假上课的季节，是地产业开盘销售的季节，是求职者找工作、换工作的季节，是供求和需求的时间。股票行情一般先于实际的市场行情，那么 8 月提前布好局，收益了 10%左右就见好就收，别贪心！

第九节　9月

上证指数的数据。

表 15—30

日期	最低指数	最高指数	涨跌幅（%）
2018 年 9 月	2644.30	2827.34	+3.53
2017 年 9 月	3332.60	3391.64	−0.35
2016 年 9 月	2969.13	3105.68	−2.62
2015 年 9 月	2983.53	3256.74	−4.78
2014 年 9 月	2217.69	2365.49	+6.62

最近 5 年 9 月的平均涨跌幅为+0.48%。

计算过程：$[3.53\% + (-0.35\%) + (-2.62\%) + (-4.78\%) + 6.62] \div 5 = 2.4\% \div 5 = 0.48\%$。

预计 2019 年 9 月上证指数涨的概率较大，预计涨幅为 1%左右。金九银十的时间里，大盘指数应该会红盘。

个股（半导体股）：华天科技（002185）。

表 15—31

日期	最低指数	最高指数	涨跌幅（%）
2018 年 9 月	4.82	5.21	−0.20
2017 年 9 月	7.14	8.76	+15.24
2016 年 9 月	5.91	6.85	+10.36
2015 年 9 月	4.46	5.63	−2.48
2014 年 9 月	4.44	5.04	+6.98

最近 5 年 9 月的平均涨跌幅为+5.98%。

计算过程：$[(-0.20\%) + 15.25\% + 10.36\% + (-2.48\%) + 6.98\%] \div 5 = 29.90\% \div 5 = 5.98\%$。

个股（半导体股）：华微电子（600360）。

表 15–32

日期	最低指数	最高指数	涨跌幅（%）
2018 年 9 月	5.78	6.22	−3.24
2017 年 9 月	7.39	9.65	+22.73
2016 年 9 月	9.45	10.98	−8.71
2015 年 9 月	5.23	6.91	−16.88
2014 年 9 月	5.11	5.90	+12.17

最近 5 年 9 月的平均涨跌幅为+1.214%。

计算过程：$[(-0.20\%) + 15.25\% + 10.36\% + (-2.48\%) + 6.98\%] \div 5 = 6.07\% \div 5 = 1.214\%$。

预计 2019 年 9 月上证指数小幅上升，半导体股平均涨幅为 3%左右。

第十节　10 月

上证指数的数据。

表 15-33

日期	最低指数	最高指数	涨跌幅（%）
2018 年 10 月	2449.20	2771.94	−7.75
2017 年 10 月	3357.28	3421.10	+1.33
2016 年 10 月	3014.62	3137.03	+3.19
2015 年 10 月	3133.13	3457.52	+10.80
2014 年 10 月	2279.84	2423.60	+2.38

最近 5 年 10 月的平均涨跌幅为+1.99%。

计算过程：$[(-7.75\%) + 1.33\% + 3.19\% + 10.80\% + 2.38\%] \div 5 = 9.95\% \div 5 = 1.99\%$。

预计 2019 年 10 月上证指数涨的概率较大，预计涨幅为 2%左右。

个股（证券股）：中信证券（600030）。

表 15-34

日期	最低指数	最高指数	涨跌幅（%）
2018 年 10 月	14.72	17.79	+2.82
2017 年 10 月	16.76	18.30	-4.78
2016 年 10 月	15.48	16.51	+3.04
2015 年 10 月	13.15	15.48	+16.86
2014 年 10 月	11.23	12.40	-0.38

最近 5 年 10 月的平均涨跌幅为+3.51%。

计算过程：［+2.82%（-4.78%）+ 3.04% + 16.86% +（-0.38%）］÷ 5 = 17.56% ÷ 5 = 3.51%。

个股（证券股）：招商证券（600999）。

表 15-35

日期	最低指数	最高指数	涨跌幅（%）
2018 年 10 月	11.13	13.64	+0.76
2017 年 10 月	17.97	21.76	-12.72
2016 年 10 月	16.34	18.08	+4.42
2015 年 10 月	15.39	19.71	+22.66
2014 年 10 月	9.91	11.17	+5.68

最近 5 年 10 月的平均涨跌幅为+4.16%。

计算过程：［0.76% +（-12.72%）+ 4.42% + 22.66% + 5.68%］÷ 5 = 20.8% ÷ 5 = 4.16%。

10 月是国庆节，国庆节后资金会陆续回流到 A 股股票市场。10 月前两周等资金回流到 A 股市场，10 月后两周买点证券股应该是不错的选择。2015 年 10 月招商证券涨得比中信证券多，2017 年 10 月招商证券跌得比中信证券多。可见涨的时候涨得多，跌的时候也跌得狠。

第十一节 11月

上证指数的数据。

表 15-36

日期	最低指数	最高指数	涨跌幅（%）
2018 年 11 月	2555.32	2703.51	-0.56
2017 年 11 月	3300.78	3450.49	-2.24
2016 年 11 月	3094.10	3301.21	+4.82
2015 年 11 月	3302.18	3678.27	+1.86
2014 年 11 月	2401.75	2683.18	+10.85

最近 5 年 11 月的平均涨跌幅为+2.946%。

计算过程：［（-0.56%）+（-2.24%）+4.82%+1.86%+10.85%］÷5 = 14.73%÷5 = 2.946%。

预计 2019 年、2020 年 11 月上证指数涨的概率较大，保守预计涨幅为 3% 左右。

个股（有色股）：贵研铂业（600459）。

表 15-37

日期	最低指数	最高指数	涨跌幅（%）
2018 年 11 月	10.40	12.19	+3.29
2017 年 11 月	16.49	19.38	+5.39
2016 年 11 月	19.00	23.39	-5.22
2015 年 11 月	13.72	17.05	+5.80
2014 年 11 月	12.77	14.34	+1.77

最近 5 年 11 月的平均涨跌幅为+2.206%。

计算过程：［3.29%+5.39%+（-5.22%）+5.80%+1.77%］÷5 = 11.03%÷5 = 2.206%。

预计 2019 年 11 月贵研铂业涨幅为 2% 左右。

预计 2020 年 11 月贵研铂业涨幅为 3% 左右。

预计 2021 年 11 月贵研铂业涨幅为 3% 左右。

个股（有色股）：宝钛股份（600456）。

表 15-38

日期	最低指数	最高指数	涨跌幅（%）
2018 年 11 月	14.01	15.97	+1.48
2017 年 11 月	18.86	23.51	-6.70
2016 年 11 月	18.59	21.09	-1.67
2015 年 11 月	16.77	24.32	+12.24
2014 年 11 月	16.30	18.60	-1.96

最近 5 年 11 月的平均涨跌幅为 +0.678%。

计算过程：〔1.48% +（-6.70%）+（-1.67%）+ 12.24% +（-1.96%）〕÷ 5 = 3.39% ÷ 5 = 0.678%。

预计 2019 年 11 月宝钛股份涨幅为 1% 左右。

预计 2020 年 11 月宝钛股份涨幅为 2% 左右。

预计 2021 年 11 月宝钛股份涨幅为 2% 左右。

个股（证券股）：中信证券（600030）。

表 15-39

日期	最低指数	最高指数	涨跌幅（%）
2018 年 11 月	16.46	18.29	-1.69
2017 年 11 月	16.52	19.46	+10.80
2016 年 11 月	15.77	16.96	+6.86
2015 年 11 月	14.37	20.55	+11.09
2014 年 11 月	11.94	16.18	+30.06

最近 5 年 11 月的平均涨跌幅为 +11.424%。

计算过程：〔（-1.69%）+ 10.80% + 6.86% + 11.09% + 30.06%〕÷ 5 = 57.12% ÷ 5 = 11.424%。

预计 2019 年 11 月中信证券涨幅为 3% 左右。

预计 2020 年 11 月中信证券涨幅为 5% 左右。

预计 2021 年 11 月中信证券涨幅为 5% 左右。

个股（证券股）：华泰证券（601688）。

表 15–40

日期	最低指数	最高指数	涨跌幅（%）
2018 年 11 月	16.35	18.18	+2.69
2017 年 11 月	18.44	20.61	−1.38
2016 年 11 月	18.97	21.23	−3.41
2015 年 11 月	15.61	21.34	+5.60
2014 年 11 月	9.58	15.47	+60.93

最近 5 年 11 月的平均涨跌幅为 +12.886%。

计算过程：[2.69% +（−1.38%）+（−3.41%）+ 5.60% + 60.93%] ÷ 5 = 64.43% ÷ 5 = 12.886%。

预计 2019 年 11 月华泰证券涨幅为 3% 左右。

预计 2020 年 11 月华泰证券涨幅为 5% 左右。

预计 2021 年 11 月华泰证券涨幅为 5% 左右。

11 月的证券股连续多次熊市都可以避过不暴跌，可见 11 月投资证券股为最佳选择！既可以避开熊市，也可以尝试能不能来一波小涨行情。

第十二节　12 月

上证指数的数据。

表 15–41

日期	最低指数	最高指数	涨跌幅（%）
2018 年 12 月	2462.84	2666.08	−3.64
2017 年 12 月	3254.18	3324.52	−0.30

日期	最低指数	最高指数	涨跌幅（%）
2016 年 12 月	3068.42	3279.71	-4.50
2015 年 12 月	3399.28	3684.57	+2.72
2014 年 12 月	2665.69	3239.36	+20.57

最近 5 年 12 月的平均涨跌幅为+2.97%。

计算过程：$[(-3.64\%)+(-0.30\%)+(-4.50\%)+2.72+20.57] \div 5 = 14.85\% \div 5 = 2.97\%$。

预计 2019 年 12 月上证指数涨的概率较大，预计涨幅为-1%~1%。

预计 2020 年 12 月上证指数涨的概率较大，预计涨幅为-1%~1%。

个股（零售股）：天虹股份（002419）。

表 15-42

日期	最低指数	最高指数	涨跌幅（%）
2018 年 12 月	10.60	12.02	-3.60
2017 年 12 月	8.62	10.75	+9.70
2016 年 12 月	8.60	11.02	+10.93
2015 年 12 月	7.30	8.77	+10.66
2014 年 12 月	7.11	8.17	+6.34

最近 5 年 12 月的平均涨跌幅为+6.806%。

计算过程：$[(-3.60\%)+9.70\%+10.93\%+10.66\%+6.34\%] \div 5 = 34.03\% \div 5 = 6.806\%$。

预计 2019 年 12 月天虹股份涨幅为-1%左右。

预计 2020 年 12 月天虹股份涨幅为 2%左右。

个股（零售股）：永辉超市（601933）。

表 15-43

日期	最低指数	最高指数	涨跌幅（%）
2018 年 12 月	7.17	8.05	+9.00
2017 年 12 月	8.62	11.00	+11.35
2016 年 12 月	4.34	5.10	+6.95
2015 年 12 月	4.48	5.11	+4.24
2014 年 12 月	3.60	4.63	+11.51

最近 5 年 12 月的平均涨跌幅为+8.61%。

计算过程：[9.00% + 11.35% + 6.95% + 4.24% + 11.51%] ÷ 5 = 43.05% ÷ 5 = 8.61%。

预计 2019 年 12 月永辉超市涨幅为 2%左右。

预计 2020 年 12 月永辉超市涨幅为 1%左右。

个股（酒类股）：贵州茅台（600519）。

表 15-44

日期	最低指数	最高指数	涨跌幅（%）
2018 年 12 月	553.61	616.50	+4.43
2017 年 12 月	606.65	716.33	+10.54
2016 年 12 月	306.76	330.25	+4.72
2015 年 12 月	198.72	217.91	+1.81
2014 年 12 月	132.50	164.34	+21.68

最近 5 年 12 月的平均涨跌幅为+8.636%。

计算过程：[4.43% + 10.54% + 4.72% + 1.81% + 21.68] ÷ 5 = 43.18% ÷ 5 = 8.636%。

预计 2019 年 12 月贵州茅台涨幅为 2%左右。

预计 2020 年 12 月贵州茅台涨幅为 1%左右。

个股（酒类股）：五粮液（000858）。

表 15-45

日期	最低指数	最高指数	涨跌幅（%）
2018 年 12 月	49.82	55.61	-2.88
2017 年 12 月	62.85	82.04	+21.77
2016 年 12 月	32.36	36.24	-4.03
2015 年 12 月	22.36	26.64	+13.53
2014 年 12 月	16.68	20.71	+18.79

最近 5 年 12 月的平均涨跌幅为+9.436%。

计算过程：［（-2.88%）+ 21.77% +（-4.03%）+ 13.53% + 18.79%］÷ 5 = 47.18% ÷ 5 = 9.436%。

预计 2019 年 12 月五粮液涨幅为 2%左右。

预计 2020 年 12 月五粮液涨幅为 1%左右。

个股（酒类股）：泸州老窖（000568）。

表 15-46

日期	最低指数	最高指数	涨跌幅（%）
2018 年 12 月	38.95	44.60	-0.83
2017 年 12 月	57.48	67.57	+11.34
2016 年 12 月	30.51	33.84	-3.76
2015 年 12 月	21.55	26.70	+16.90
2014 年 12 月	16.25	19.84	+13.90

最近 5 年 12 月的平均涨跌幅为+7.51%。

计算过程：［（-0.83%）+ 11.34% +（-3.76%）+ 16.90% + 13.90%］÷ 5 = 37.55% ÷ 5 = 7.51%。

预计 2019 年 12 月泸州老窖涨幅为 2%左右。

预计 2020 年 12 月泸州老窖涨幅为 1%左右。

每年 12 月酒类股平均涨幅在 8%左右，应该会下跌回补一下，调低 5 年平均涨跌幅。

第十三节 总结

按照上述的方法投资，看下 2019 年和 2020 年全年的涨幅会有多少吧，留给未来实际行情验证分析是否可行。

2019 年和 2020 年的成绩单。

表 15-47

买入时间为 1 日的开盘价，卖出时间为月末的收盘价	行业板块	股票代码	股票名称	预计涨跌幅（%）
1 月	石油石化	601857	中国石油	2
2 月	航空	601111	中国国航	5
3 月	软件与服务	600570	恒生电子	5
4 月	港口股	000088	盐田港	3
5 月	医疗股	600763	通策医疗	2
6 月	汽车服务	002607	亚夏汽车	4
7 月	银行	000001	平安银行	5
8 月	地产	600048	保利地产	5
9 月	半导体	002185	华天科技	3
10 月	证券	600030	中信证券	5
11 月	证券	600030	中信证券	3
	有色	600459	贵研铂业	3
12 月	零售	002419	天虹股份	6

待 2019 年底和 2020 年底验证，预计 2 年的平均年化收益为 20% 左右，能跑赢通胀和获得一定收益。

这样的预测方法，是因为笔者相信股票的轮动性，按照历史数据分析，每个月购买这些行业板块，牛市不会错过行情，熊市可以规避部分下跌风险。上述个股的案例不能保证实际行情就会上涨，只是靠历史数据分析，推测概率而来，所以仅供参考。上述 5 年的数据可见，最能赚钱的月份是 3 月软件与服务股、7 月银行股、11 月证券股。

希望投资者们了解一下这种分析方法，也许能投资成功！

第十六章 理论和法则

　　历史的股票理论和方法还是要懂点的，具有参考的价值。股票是跌久必涨，涨久必跌，不是跌，就是涨。使用理论和法则的知识分析股票，不是对的，就是错的。金融人士学习了这些理论和方法，会很容易找到客户。金融人士是把金融的理论知识背得滚瓜烂熟，在非专业人员面前展示一番，就必定能找到客户投资。客户投资前都不知道金融人士说的是什么，总之听了很多专业的名词，感觉他们很专业，客户就投资了。

　　下面简述一些比较流行的理论和法则，股民可以了解一下。

第一节　江恩理论

　　江恩理论是 20 世纪最著名的投资大师威廉·江恩（Willian D.Gann）通过对数学、几何学、宗教学、天文学的综合运用建立的独特分析方法和测试理论，结合自己在股票和期货市场上的优秀成绩和丰富经验提出的，包括江恩时间法则、江恩价格法则和江恩线等。

　　江恩投资大师认为较重要的循环周期有：

　　短期循环——1 小时、2 小时、4 小时、7 小时、13 小时、15 小时、18 小时、24 小时、3 周、7 周、13 周、15 周、3 个月、7 个月。

　　中期循环——1 年、2 年、3 年、5 年、7 年、10 年、13 年、15 年。

　　长期循环——20 年、30 年、45 年、49 年、60 年、82 或 84 年、90 年、100 年。

江恩角度线（甘氏线）：

7.5 度（8×1）——时间变动 8 个单位，价格变动 1 个单位最平缓；

15 度（4×1）——时间变动 4 个单位，价格变动 1 个单位；

18.75 度（3×1）——时间变动 3 个单位，价格变动 1 个单位；

26.25 度（2×1）——时间变动 2 个单位，价格变动 1 个单位；

45 度（1×1）——时间变动 1 个单位，价格变动 1 个单位平衡线；

63.25 度（1×2）——时间变动 1 个单位，价格变动 2 个单位；

71.25 度（1×3）——时间变动 1 个单位，价格变动 3 个单位；

75 度（1×4）——时间变动 1 个单位，价格变动 4 个单位；

82.5 度（1×8）——时间变动 1 个单位，价格变动 8 个单位最陡峭。

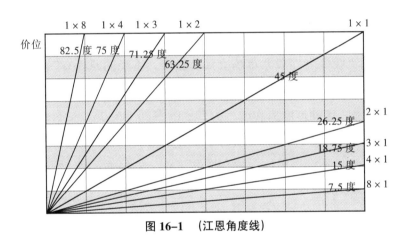

图 16-1 （江恩角度线）

　　江恩角度线的基本比率为 1：1。1×1 江恩线表示每单位时间内价格运动 1 个单位，2×1 表示每 2 个单位时间价格运动 1 个单位。当市场趋势由下降转为上升时，价格通常会沿着上升甘氏线向上，上升趋势缓和时，价格会沿着2×1线上升，如反弹有力，上升趋势会提高至 1×2、1×3 或 1×4 线。大多数情况价格会沿着 1×1 线（45 度线）上升，下降趋势时则套用下降甘氏线。

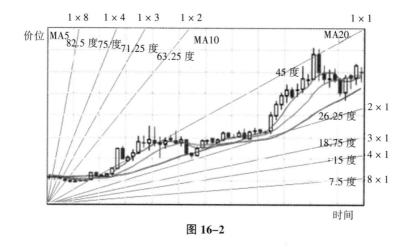

图 16-2

图 16-2 是江恩角度线嵌入股票的 K 线图，可见整条 K 线基本在 26.25 度和 45 度间波动，即 1×1 和 2×1。

江恩认为，投资者在股票市场上买卖亏损，主要的原因有三点：

（1）在有限资本上过度买卖。例如，只有 1 万元，投资者用 1 万元分别买了 10 只股票，这种过度买卖的行为，手续费都不少了。

（2）投资者未有设置止损点，无法控制损失。例如，某只股票每天跌 2%，跌了 10 天，不设止损位，就会损失 20%。虽然每天跌 2% 不多，但连续跌 10 天就不少了。

（3）缺乏市场知识，这是市场买卖中损失的最重要原因。例如，投资者一点知识都没有，很难赚到钱。新闻公告都说了某股票的大股东套现，卖出 4% 的股票，超过 10 亿元。你还 10 万元买入此股票，肯定就跌停两三个跌停板，那么投资者就亏损大了。

第二节　均线理论

一、均线理论的原理

在技术分析中，市场成本原理是很重要的，它是趋势产生的基础，市场中的趋势之所以能够维持，是因为市场成本的推动力。例如，在上升趋势里，市场的成本是逐渐上升的；下降趋势里，市场的成本是逐渐下移的。成本的变化导致了趋势的延续。均线是重要的技术分析基础，均线代表了一定时期内的市场平均成本变化。

例如，一杯柠檬茶的成本为 5 元，柠檬茶的销售价为 10 元。一杯柠檬茶的成本为 10 元，柠檬茶的销售价可能就变为 20 元了。可见商品销售价上升趋势里，柠檬茶的成本也是逐渐上升的。

二、10 日均线理论

股价运行在 5 日、10 日移动平均线之上，且 5 日、10 日均线向上（至少走平）就是健康的，最低限度也一定要运行在 20 日移动平均线之上。股价跌破 10 日均线时，你就需要小心警惕了；如果股价跌破 10 日均线，或 10 日均线走平甚至是从上升转向下（有时均线死叉）可能是（短线或中线）行情下跌的提示，建议短线和中线卖出！如果 3 日内股价不能收回 10 日均线之上，投资者就要小心了，后续可能还要继续跌。是不是卖出信号，还需要结合其他分析方法来分析，才能更准确地判断是否要卖出股票。

三、操盘卖股止损经典

股价在高位向下跌破 10 日移动平均线甚至转头向下则是（短线或中线）行情变坏的提示！

图 16-3

如图 16-3 所示，股价跌破 10 日移动平均线后，股价继续下跌。

四、操盘短线买股经典

股价在低位上穿 10 日移动平均线，10 日均线开始转头向上则是（短线或中线）行情变好的标志，此时是短线买入的提示！

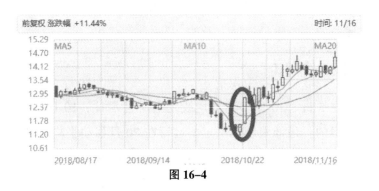

图 16-4

如图 16-4 所示，股价修复了 10 日移动平均线后，股价继续上升。

五、操盘中线买股经典

股价在低位上穿 30 日移动平均线（也就是月线），30 日均线开始转头向上则是中线行情变好的标志，此时才是中线买进的稳妥条件！

图 16-5

由图 16-5 可见,(2018 年 10 月 25 日）低位上穿 30 日（2018 年 9 月 25 日）移动平均线，后续股价继续涨。

六、常用均线

常用的均线以 5 日、10 日、20 日、30 日、60 日均线为主。

均线的特点分为多头排列和空头排列，多头排列就是市场趋势是强势上升期，均线在 5 日、10 日、20 日、30 日、60 日 K 线下支撑排列向上为多头排列。例如，人站在楼梯下，往楼梯上看，楼梯是递增向上的，把楼梯看作 K 线就是越走越高。均线多头排列趋势为强势上升期时，投资者操作上可以适当追涨。买入点以均价线的突破支撑点为买点，卖出点也以均价线的跌破支撑点为止损卖点。

空头排列就是市场趋势是弱势下跌期，均线在 5 日、10 日、20 日、30 日、60 日 K 线上压制 K 线向下排列为空头排列。均线空头排列为弱势下跌趋势。进场以均价线的阻力位为卖点，跌破均价线则止损。例如，人站在楼梯上，向楼梯下看，视线是递减向下的，把楼梯看作 K 线就是越走越低。均线空头排列趋势为弱势下跌期时，投资者操作上可以回避或止损。

均线是技术指标分析的一种常用工具，常被股票技术分析人员使用。5~10 日均线变化较快，常用的就是 5 日、10 日、20 日、30 日、60 日均线，股票和期货价格变化较快，用 60 日以上的均线较滞后。均线在什么条件下股票价格具备单边快速大幅暴涨上升呢？条件是 5 日、10 日、20 日、30 日、60 日均线都是多头排列，层层向上涨，另外还有其他利好因素引起，那么股价可能会大幅暴涨。

多头——指的是看好该股票的行情，适合买入股票，短期和中期行情预计会上涨。

空头——指的是不看好该股票的行情，适合卖出股票，短期和中期行情预计会下跌。

第三节　艾略特波段理论

美国证券分析家拉尔夫·纳尔逊·艾略特（R.N.Elliott）利用道琼斯工业平均指数（Dow Jones Industrial Average，DJIA）作为研究工具，发现不断变化的股价结构性形态反映了自然和谐之美。根据这一发现他提出了一套相关的市场分析理论，精练出市场的 13 种形态（Patte·rn）或波浪（Waves），在市场上这些形态重复出现，但出现的时间间隔和高低幅度大小并不一定具有再现性。后来他又发现了这些呈结构性形态的图形可以连接起来形成同样形态的更大图形。这样提出了一系列权威性的演绎法则用来解释市场的行为，并且特别强调波动原理的预测价值，这就是"艾略特波浪理论"。

艾略特波浪理论是股票技术分析的一种理论。该理论认为市场走势不断重复一种模式（上涨和下跌），每一周期由 5 个上升浪和 3 个下跌浪组成。艾略特波浪理论将不同规模的趋势分成九大类，最长的超大循环波（Grand Supercycle）是横跨 200 年的超大型周期，而次微波（Subminuette）则只覆盖数小时之内的走势。但无论趋势的规模如何，每一周期由 8 个波浪构成是永远不会变的。

这个理论的前提是：股价顺应主趋势而行时，依 5 波的顺序波动；逆主趋势而行时，则依 3 波的顺序波动。长波可以持续 100 年以上，次波的期间相当短暂。

艾略特理论认为，不管是多头市场还是空头市场，每个完整循环都会有 8 个波段周期。多头市场的一个循环中前 5 个波段是推动上升的，后 3 个则是调整下跌的；前五个波段中，第一、三、五属于奇数，属于推动股价上升的，第二、四属于偶数，属于调整股价下跌的。

在股票市场中多头市场和空头市场，第三浪可能是最长最高的，即上升时升幅最大，下降时跌幅也最大；第四浪可能是最长最低的，即下跌时跌幅最大。

艾略特波浪理论的基本特点：

（1）股价指数的上升和下跌将会交替进行。即有跌必有涨，有涨必有跌。

（2）推动浪和调整浪是价格波动两个最基本形态，其中推动浪（即与大盘走向一致的波浪）可以再分割成 5 个小浪，通常用第 1 浪、第 2 浪、第 3 浪、第 4 浪、第 5 浪表示，调整浪也可以划分成 3 个小浪，通常用 A 浪、B 浪、C 浪表示。

（3）在上述 8 个波浪（五上三落）完毕之后，一个循环即告完成，走势将进入下一个 8 个波浪循环。

（4）时间的长短不会改变波浪的形态，因为市场仍会依照其基本形态发展。波浪可以拉长拉高拉宽，也可以缩小，但也无法改变基本形态。

个人认为艾略特波段波浪理论适合运用于 A 股的大盘指数，如上证指数、深证成指。

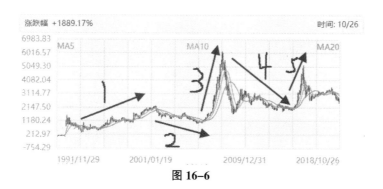

图 16-6

按照艾略特理论，根据上证指数的历史数据，上图可以分为 5 浪：上升浪为 1、3、5 浪，下跌浪为 2、4 浪。上升时第 3 浪为涨幅最大的浪。

艾略特波段波浪理论是一种分析的方法，虽然说选个股不是特别准确，但是也是一种分析的方法，提供投资者参考价值。个人认为这种分析方法既不看数据、不看新闻，又不看实体经济的情况，就像猜测一样，看好上证指数会涨，就买入。

2019 年科创板的出现，按照艾略特理论理解，第 1 波浪必定就是上升期，投资者可以适当地投资试试。历史上的上证指数、深证成指、创业板都是第 1 波浪，都是上涨。第 3 波浪都是大幅上涨。

第四节　K 线理论

K 线理论的 K 线图最早是由日本德川幕府时代大阪的米商用来记录当时一天、一周或一月中米价涨跌行情的图示方法，后来逐渐被引入到股票市场使用。

K 线图给投资者的感觉是直观、立体感强、携带信息量大、通俗易懂的特点，图形中蕴含着丰富的东方哲学思想，能充分显示股价趋势的强弱、买卖双方力量平衡的变化，预测后市短期、中期、长期的走向较准确，是各类传播媒介、计算机实时分析系统应用较多的技术分析手段。

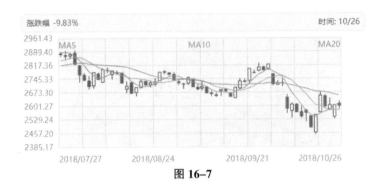

图 16-7

A 股股票，不管是上证指数、深证成指和个股都可使用 K 线理论绘制。这样我们就可以方便地使用 K 线理论查看每一天、每一周、每一年、每一段时间（5 分钟、30 分钟、60 分钟）的行情状况。

通过历史数据，分析和判断未来一段时间的股票市场的走势，同时也要结合其他的理论知识来分析，可能会更加准确。

第五节　葛兰威尔法则

1962 年 7 月，美国投资专家葛兰威尔（Joseph E.Granville）发明了"移动平均线"。出乎意料的是，"移动平均线"这一追踪趋势的工具很快就风靡全球。目前，全球的金融市场基本都使用了移动平均线分析方法。

一、葛兰威尔八大买卖法则与波位图例说明

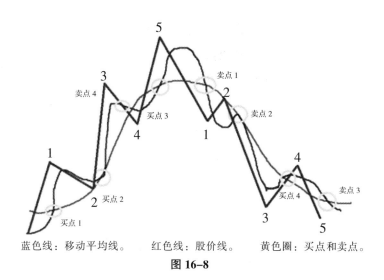

蓝色线：移动平均线。　　红色线：股价线。　　黄色圈：买点和卖点。

图 16-8

二、四大买点

买点 1：移动平均线经过一路下滑后，逐渐转为平稳，并有抬头向上的迹象。股价线也由下转向上升，股价线与移动平均线相交的点，这是第 1 个买点。

买点 2：当股票价格上升到一定价格后，股价就会回落。当股价线没有跌破移动平均线，而且移动平均线仍然呈向上升的趋势，股价线与移动平均线相交的点，这是第 2 个买点。

买点 3：股价线开始在移动平均线之上，之后股价急剧下跌趋势，股价跌破移动平均线后，即股价线与移动平均线相交的点，相交后，股价线突然向上涨，股价线与移动平均线再次相交的点，这是第 3 个买点。

买点 4：股价线与移动平均线都在下跌，股价线远离了移动平均线，表示股价短期有反弹可能，当股价跌了一段时间，股价线与移动平均线相交，这是第 4 个买点。

三、四大卖点

卖点1：移动平均线从上升转为平稳，并有向下跌的趋势，股价线急速下跌，跌破了移动平均线，股价线与移动平均线相交，这是第1个卖点。

卖点2：股价线与移动平均线都在下跌，一段时间后，股价线突然由下向上涨，但仍在移动平均线下或相交，之后会继续下跌，这是第2个卖点。

卖点3：股价线短期反弹，股价线就变得弱，刚突破移动平均线却无力向上涨，继续下跌，股价线由上向下穿过移动平均线，这是第3个卖点。

卖点4：股价暴涨后，股价线超过了也在上升的移动平均线，出现了偏离。暴涨之后必有暴跌，这是第4个卖点。投资者可以逐渐减仓。

四、总结

移动平均线在股价线之下，并且呈上涨趋势时是买入时机。当股价线偏离移动平均线越来越远，股价已经上涨很多了，是卖出时机。

移动平均线在股价线之上，并且呈下跌趋势时则是卖出时机。

移动平均线在股价线相交，则判断方向，上涨或下跌。最后等待确认方向后，才买入。

第六节　高低点连线法则

通过对各种法则的理解，2018年10月，我发现了"高低点连线法则"。即最低点与次低点连线，可以看到未来股票市场的上升行情。最高点与次高点连线，可以看到未来股票市场的下跌行情，个人认为本法适合中长线投资。

一、高低点连线法则实例

跌幅的最低点与次低点连成直线，图中多个低点连线后都可以相交。

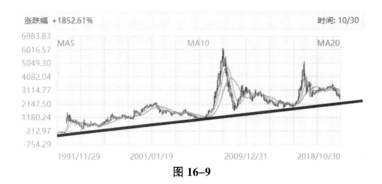

图 16-9

涨幅的最低点与次低点连成直线，图中多个低点连线后都可以相交。

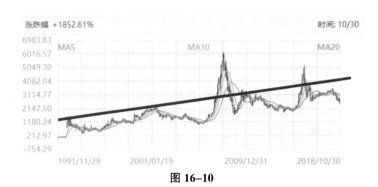

图 16-10

可见未来 5 年内（2023 年 10 月），股票预测会涨到 3114.77~4082.04。

指数的行情大部分时间也在这两条线里上下波动。

涨幅的最高点与次高点连线，也可以预测未来指数或股票的下跌行情。

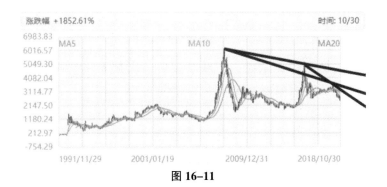

图 16-11

可见有三种下跌的方向趋势的直线，股票预测会跌到 2200 点左右，再选择上升或下跌的方向。

二、结合理解

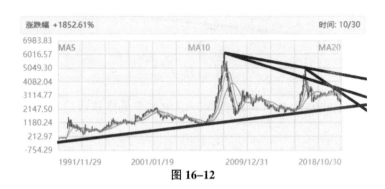

图 16-12

结合下跌线和上升线方法，发现 2019 年 10 月应该是选择方向的交叉点。

三、引入艾略特波段理论

图 16-13

下跌的波可能很快会结束，下跌结束后，那么下一波就是上涨波。所以预计 2019~2020 年预慢慢向上涨，牛市可期。

第七节　总结

恭喜您，通过本章的学习，懂得了过去投资专家们留给我们的理论和方法，包括江恩理论、均线理论、艾略特波段理论、K线理论、葛兰威尔法则、高低点连线法则等。这些理论方法都可以帮助我们判断股票的买点或卖点，使我们多一种方法分析股票。

有些经验丰富、炒股年限较长的投资者，总认为自己学习多年，懂得各种理论和方法，每次决定买卖股票都是正确的，常常高估自己的能力水平，却不愿与年龄比他们小很多的高手投资者交流，最后都是亏损离场。

邓宁—克鲁格效应是一种认知偏差现象，指能力欠缺的人在自己欠考虑的决定的基础上总结出错误的结论，但无法正确认识到自己的不足，辨别错误行为。这些能力欠缺者常常沉浸在自我营造的虚幻的优势之中，常常高估自己的能力水平，却无法客观评价他人的能力。

当投资者在股票市场中某一段时间经常亏损时，那么投资者就应该调整好心理和心情，停一停，想一想，找出亏损的关键原因：是自己的分析能力不行呢？还是对手机构的手法比你更厉害呢？还是市场真的下降呢？还是无法学习和接受新事物呢？

第十七章　机构的常用手法

在股市中，唯一不会亏本的就是交易平台。平台制定游戏规则，收取服务费，自己不参与，也不能参与游戏。那么在股市中只剩下两种用户：一种是机构，一种是个人散户。有时候有些个人散户还是能赢得机构的资金，有时候有些机构能赢得散户的资金。

下面看一下机构的炒股手法，如何一步一步地赢取个人散户的思维。

第一节　羊群效应

羊群效应也叫作从众效应，盲目跟风。在一个群体里，如果盲目从众，就会丧失独立的判断力。

> **故事：**
> 羊群是一种很散乱的组织群体，平时在一起也是盲目地左冲右撞。从前有一群羊，突然其中一只羊跑动起来，第二只羊、第三只羊也会跟着第一只羊跑动起来，后面的羊全部也跟着前面的羊跑动起来。羊群不会考虑前面是否有危险或者前面是否有好吃的草。只要前面有羊在跑动，后面的羊就会从众跟着跑动。

运用羊群效应，通过领头羊的行为，对后面羊群起到从众跟风的作用。

羊群效应如何应用到股市中？

在人际关系学中，任何人只相隔 5 个人就认识对方。这样介绍，整个群体都持有一点点××股票，使得该股票资金大量流入，股价拉升。买入的投资者都赚一点点，这是共同赢利的羊群效应。

但也有利用羊群效应方法帮助自己出货的机构。例如，在一个投资群体中，某机构持有××股票价值 1 亿元，成本价是 6000 万元，可见目前赢利 40%，想出货了。但没有这么多用户接货。只好在投资群体上跟大家说，我刚买了点××股票，后面的投资者就风买入××股票，同时也告诉朋友，某个投资达人买入了××股票，我也买了一点××股票。然后被告诉的朋友们也跟着买了××股票，同时也告诉给他的朋友。

但投资达人在这些朋友和朋友的朋友买入的过程中，已经稍稍地卖出了 9500 万元，剩下 500 万元。就算剩下的 500 万元亏光，也赢利了 3500 万元。这就是出卖朋友达到赢利的羊群效应。

买卖股票不要有从众跟风的心理，否则会丧失独立的判断力，然后慢慢亏掉本金。

如果实际中遇上共同赢利的羊群效应，那么你算运气较好的投资者了。

（本故事纯属虚构，如有雷同，纯属巧合）

第二节　鲶鱼效应

鲶鱼效应也称鲇鱼效应。能让外来的鲶鱼，帮助沙丁鱼游得越来越快，是一种激励方式。

很久以前，挪威人都非常喜欢吃沙丁鱼，所以挪威人经常在海上捕捉沙丁鱼，如果能让沙丁鱼活着抵至港口，活着的沙丁鱼售价就会比死沙丁鱼高好几倍。但是沙丁鱼生性懒惰，不喜欢长时间游动，返回港口的路程较远，如果将捕捉到的大部分沙丁鱼放到船上运到港口，那么大部分的沙丁鱼就会死了，很少一部分沙丁鱼是活的，如果有活的，也是快死的。

但是很奇怪，有一位渔民的沙丁鱼大部分总是活着抵至港口，而且沙丁鱼游来游去，看起来十分生猛，所以此渔民赚的钱也比其他的渔民多，甚至是几倍收益。该渔民严格保守着成功的秘密，直到该渔民过世后，人们打开他的鱼槽，发现沙丁鱼群中多了一条鲇鱼，才懂得了让沙丁鱼活着到港口的秘密。

原来当鲇鱼进入鱼槽后，鲇鱼在陌生的环境中就会到处游来游去，奇怪的是沙丁鱼看见异类鱼会十分紧张，一紧张就会快速游动，这样一来，沙丁鱼就会活着回到港口，还很生猛。后人称之为"鲇鱼效应"。

运用鲇鱼效应，通过个体的"中途介入"，对群体起到竞争作用。

鲇鱼效应如何应用到股市中？

机构由于资金量大，无法在一天两天完成大量的买入或卖出。有一天机构发现某一只股票财务和业绩都不错，散户也很少，总市值也才 200 亿元，但一直横盘长达 3~4 年。

于是通过 1 个月的建仓，买入 5 亿元的资金，并且保持着股票只涨了 5% 以内。机构觉得差不多了，于是找一个股票名人买入 1000 股，并支付酬劳 500 万元，然后花 500 万元刊登广告。广告标题为"股票名人××买入了××股票"。刊登广告后，持续一个月都有大量的资金追捧买入，使得该股一个月内就涨了 50%。机构觉得赚得差不多了，于是慢慢地出货了。

最后机构股票利润赚了 3 亿元，只付出了 1000 万元，总计也赚了 2.9 亿元。

股票名人就如一条鲇鱼，一旦追捧者知道股票名人大量买入某只股票，那么这只股票就会活蹦乱跳，交易量巨大，买入大于卖出，流通股供不应求。同时也是机构资金开始渐渐退出的时候。

可见在股票市场中也可运用鲇鱼效应，通过个体股票名人的"中途介入"，会对群体起到竞争抢股票筹码的作用。

（本故事纯属虚构，如有雷同，纯属巧合）

第三节　沉锚效应

沉锚效应指的是人在对某人某事做出判断时，容易受第一印象或第一信息支配，就像沉入海底的锚一样把人们的思想固定在某处。

故事1：（选择类的沉锚）

一天，天气很热，我来到一个茶店。点餐时，我对老板说："要一杯冻柠檬茶。"这时老板问我："先生，加不加冰块。"我说："加吧。"

显然老板抛了个沉锚给我，使我要在"加"或"不加"冰块中选择一个，很自然地我已经给老板的沉锚支配了我的印象。

故事2：（博弈类的沉锚）

在没有互联网的年代，我买衣服通常都是去深圳东门老街这个地方购买。那里的商店，没有标价，喜欢哪一件就需要问老板价格，是一场购买博弈游戏。每次买完衣服，见到同学也买了，很自然地也问问他买多少钱。很悲剧的是，每次我都发现我买的都比其他同学贵。

到了一家商店，我先会找到喜欢的衣服，心理估值衣服值100元，但老板取货30元，算上店租等，老板50元就愿意卖了。

在这个交易过程中，如果我先问老板100元卖不卖，老板选择成交或不成交，成交则老板多赚50元。如果老板先给我开价格50卖了，那么我选择成交或不成交，成交则我省了50元。

无论老板先开价还是我开价，只要一方首先开出价格，另一方都会根据开出的价格选择成交或不成交（也许中途会继续讨价还价，增加或减少一点价格）。这就是沉锚效应。

由于这种沉锚效应，造成不公平，造就了互联网电商时代的热门。在互联网电商时代，很多品牌都是明码标价，无法讨价还价。

沉锚效应如何应用到股市中？

某只股票跌停了，从五档位中可见仍然有 30022 手卖盘，但机构想要 10 万手的货。

表 17-1

买卖方向	价格（元）	手数
卖（元/手）	4.56	2132
卖（元/手）	4.55	1132
卖（元/手）	4.54	932
卖（元/手）	4.53	1212
卖（元/手）	4.52	30022
当前价（元）	4.52	

于是机构 4.52 元挂了 6 万手卖盘，从五档位中可见卖盘变为了 90022 手卖盘。

表 17-2

买卖方向	价格（元）	手数
卖（元/手）	4.56	2132
卖（元/手）	4.55	1132
卖（元/手）	4.54	932
卖（元/手）	4.53	1212
卖（元/手）	4.52	90022
当前价（元）	4.52	

很多投资者见太多卖单了，觉得明天可能也会跌停，于是也挂单卖出。合计又增多了 7 万手卖盘。

表 17-3

买卖方向	价格（元）	手数
卖（元/手）	4.56	2132
卖（元/手）	4.55	1132
卖（元/手）	4.54	932
卖（元/手）	4.53	1212
卖（元/手）	4.52	160022
当前价（元）	4.52	

这时机构撤销自己的 6 万手卖盘，可见有差不多 10 万手卖盘了。

表 17-4

买卖方向	价格（元）	手数
卖（元/手）	4.56	2132
卖（元/手）	4.55	1132
卖（元/手）	4.54	932
卖（元/手）	4.53	1212
卖（元/手）	4.52	100022
当前价（元）	4.52	

机构撤销 6 万手卖出后，直接把市场上 100022 手卖盘全部买光了，显示 4.52 为 0 手。

表 17-5

买卖方向	价格（元）	手数
卖（元/手）	4.56	2132
卖（元/手）	4.55	1132
卖（元/手）	4.54	932
卖（元/手）	4.53	1212
卖（元/手）	4.52	0
当前价（元）	4.53	

显然机构抛了个沉锚给持股者，持股者看见五档位卖单过大，就会选择卖出全部或卖出部分，那么机构就有货可以买入了。

（本故事纯属虚构，如有雷同，纯属巧合）

第四节　蝴蝶效应

蝴蝶效应是故事中一只小蝴蝶轻拍翅膀，产生了气流，使其身旁的空气流动方向发生变化，导致一场龙卷风产生。告诉我们任何事物都是有关联性的，小事情可能会演变成大事情。

在战争时期，粮食是最为重要的。一天厨师在做几万士兵喝的汤饭，汤饭做好后，非常香。香气把一只老鼠吸引过去了，老鼠在偷喝汤饭，并且还拉了很多老鼠屎在汤饭中。厨师知道后，也不敢上报，从汤饭中把老鼠屎一粒粒挑出来扔掉，照常给士兵喝。

结果我方士兵喝完后，上吐下泻，头晕眼花。这时敌方攻打过来，我方全军给打到溃不成军。

显然，这个一颗老鼠屎弄坏一锅汤的小事情，演变成我方兵败的大事情，是典型的蝴蝶效应。

蝴蝶效应如何应用到股市中？

例1：某某基金公司招聘了一个基金操盘手，经过1年多学习该基金操盘手也逐渐对业务熟悉了。一天领导对此操盘手说买入AAA股票，然后领导出差了。结果该操盘手没听清，也没敢再问领导。就按印象中听到的，买入了AAB股票，结果使公司亏损1亿元。

显然没听清买入某股票的小事情，演变成买错股票，使公司亏损1亿元的大事情。

例2：某某用户想买某只200元/股的股票，准备买100股试试，结果输入100的时候有人跟他说话，输入成10000股买入。结果买入后，当天该股就跌停，连续跌停5天，200万元变为100万元。该用户哭了，如果账户上可用资金没有200万元，买入时失败多好。

可见买入某股票100股的小事情，由于输多了两个0，演变成买入10000股的大事情，结果连续跌停，用户亏损50%。

（本故事纯属虚构，如有雷同，纯属巧合）

第五节　破窗效应

破窗效应指的是一幢有少许破窗的建筑为例，如果那些窗没有修理好，可能将会有破坏者破坏更多的窗户。最终他们甚至会闯入建筑内，如果发现没有人居住，也许就会定居在那里。

最近几年，北京、上海、深圳这些城市都出现了一些茶店。这些茶店开始没什么生意，无论推广多少有创意的新茶，都改变不了。于是老板就请了 100 个人，天天在他的店排队，天天排着长长的队伍，自然吸引了经过的路人也排队购买。一个月下来，除了支付 100 个人的排队工资费用，竟然还赚了很多钱。

一天有个住户，准备把家里的垃圾倒掉，出门时把垃圾先放在门口旁边。当穿上鞋子后，忘记把放在门旁边的垃圾拿走扔了。晚上回家后，发现几十袋垃圾放在他家门口旁边。后来住户只好自己把几十袋垃圾自己扔了，然后在门口贴上"严禁在此倒垃圾！"的标签。

破窗效应如何应用到股市中？

某只股票的当前价格是 10.00 元/股，某某操盘手手上只够买 10 万股，但此股票需要 20 万股才可以涨停。于是操盘手挂单 9.99 元买入 1 万股，9.98 元买入 2 万股，9.97 元买入 3 万股，9.96 元买入 4 万多股。散户在五档位上见到这么多人买入这只股票，结果在 10.00 元以上的价格即时买入，使得散户总计买入了 11 万股。剩下 9 万股，操盘手 10.50 元全部买入了，此股票直接涨停板在 11.00 元/股。

第二天，操盘手直接挂单涨停板 12.10 元/股全部卖出，共计赚了 15%利润。

显然操盘手懂得破窗效应，懂用手上资金吸引更多的散户买入。虽然自己的买价比散户还要高，但换来了 15%的利润。

如果该操盘手是直接 10.00 元/股买入，后面哪里有 11 万股的资金买入和出现涨停板。

（本故事纯属虚构，如有雷同，纯属巧合）

第六节　木桶效应

　　木桶效应指的是一个木水桶不管有多高，最低的那块木板决定了整个木桶可盛多少水。

> 　　从前有两个和尚，主持有两套数量一样、长短一样的木条，分别给了和尚 A、和尚 B，并要求他们分别做一个木水桶，要求是木桶能盛的水多，赢的一方今晚不用做饭。
>
> 　　和尚 A 直接把木条拼成木桶，拼完后多了 2 条最长的木条。和尚 B 看见和尚 A 多了 2 条木条，于是就挑出自己 2 根最短的木条，剩下的组装成一个木桶。最后和尚 B 的木桶装的水比和尚 A 多。因为和尚 A 的木桶还有最短的木条，而和尚 B 的木桶没有了最短的木条。
>
> 　　结果和尚 B 赢了，今晚就不用做饭了。

　　木桶效应如何应用到股市中？

　　某个基金公司有两个操盘手，一天老板给操盘手们每人 100 万买股票，一周内看谁赚得最多。

　　操盘手 A，第一天赚了 10% 变为 110 万元，第二天赚了 5% 变为 115 万元，第三天没有赚，第四天亏本 10% 变为 104 万元，第五天亏本 5% 变为 99 万元。

　　操盘手 B，第一天没有买，第二天没有买，第三天没有买，第四天没有买，第五天也没有买。

　　最后操盘手 B 赢了操盘手 A。每一天的收益好就像长木条，收益差就像短木条。一根很长的木条不能弥补一根很短的木条，同样一天涨停的收益也不能弥补一天跌停的收益。

　　（本故事纯属虚构，如有雷同，纯属巧合）

第七节　手表定律

手表定律指的是拥有 2 块以上的手表并不能帮助人更准确地判断时间，反而会制造混乱，让看表的人失去对时间的判断。

> 从前有只小鸟，一到早上 8 点就要起床，晚上 9 点就要睡觉。但突然下起了暴雨，连续十几天都下暴雨，使得天空黑黑的，也没有阳光照射。
>
> 小鸟无法判断时间了，于是早上 11 点钟才起床，晚上 12 点才睡觉。一天小鸟出去找东西吃，突然找到一块手表，经过几天的观看和研究，学会了查看时间。从此调整回早上 8 点起床，晚上 9 点要睡觉的习惯。
>
> 但几天后，小鸟又发现了 2 块手表，并带回鸟洞，并发现这 3 块手表的时间均不一致。由于 3 块手表外观都一致，时间不相同，小鸟不能确定哪一块手表的时间才是正确的。于是小鸟的作息时间又错乱了。

手表定律如何应用到股市中？

有个操盘手看股票数据总去 A 网站查看信息，并且已经连续三年都赢利 100%。突然有一天 A 网站维护，无法查看信息。这时领导推荐了 B 网站和 C 网站给操盘手，用着用着操盘手也觉得 B 网站和 C 网站不错。

后来 A 网站修复好了，操盘手每天都打开 A 网站、B 网站和 C 网站查看信息。突然有一天 A 网站对 D 股票是推荐的，B 网站对 D 股票是中性的，C 网站对 D 股票是不推荐购买的。

操盘手陷于混乱之中，不知道如何操作。

（本故事纯属虚构，如有雷同，纯属巧合）

第八节　刺猬法则

刺猬法则指的是两只刺猬靠在一起，彼此身上会给刺痛；离得太远，彼此不能取暖；找到一个适合的距离，大家可以不会刺痛而且还可以取暖。

> 在一个很冷的雪天里，有两只刺猬，它们都冻得浑身发抖。为了能暖和一些，它们就需要靠在一起，但互相靠在一起后，问题就来了。因为它们身上都长满尖尖的刺，靠在一起，双方都会给弄伤刺痛，很自然地两只刺猬就需要分开了。分开后，由于雪天太冷，又得浑身发抖了，然而又要靠在一起了。就这样重重复复地分开了又靠在一起，靠在一起又分开，要么受刺痛，要么受寒冷。
>
> 最后，刺猬不断地尝试，终于找到一个能接受刺痛和寒冷的适中距离，大家都可以相互接受。

刺猬效应如何应用到股市中？

某基金公司有两个投资部门：A 部门和 B 部门。这两个部门都是独立工作，不受各自的影响。

A 部门通常上半年的投资收益都很好，下半年的投资收益都很差。

B 部门通常上半年的投资收益都较差，下半年的投资收益都很好。

结果平均下来，A 部门全年不怎么赚钱，B 部门全年也不怎么赚钱。

一天老板说今年业绩再不好，就决定关闭企业了。

过了几天，A 部门和 B 部门沟通起来了，决定 B 部门的资金，上半年都给 A 部门投资。A 部门的资金，下半年都给 B 部门投资。

老板听后，说了句："可行。"然后今年 A 部门和 B 部门也按计划执行，最后的结果是公司全年投资收益竟然赢利 200% 了。

就这样，老板说关闭企业，影响到 A 部门和 B 部门。使 A 部门和 B 部门必须要找到适合的距离相互合作。如果合作距离太近了，就变为部门合并，结果还是上半年收益好（差）、下半年收益差（好）的问题。如果合作距离太远了，就变为独自工作，结果还是上半年收益好（差）、下半年收益差（好）的问题。

　　不管投资什么股票，作为投资者，我们也要与某只股票保持适合的距离。比如投资 R 股票，亏本 20%，再加仓 20%；亏本 40%，再加仓 40%；亏本 100%，再加仓 100%，结果 R 股票退市了，投资的资金全没了，血本无归。我们要学会与每一只股票保持距离，亏本太多就止损，购买其他更好的股票。

　　（本故事纯属虚构，如有雷同，纯属巧合）

第九节　鳄鱼法则

　　鳄鱼法则指的是鳄鱼咬住你的脚，你唯一的生存机会就是牺牲你被鳄鱼咬住的一只脚。如果不牺牲被鳄鱼咬住的一只脚，你用手或脚试图摆脱鳄鱼，鳄鱼就会咬住你的手或另一只脚。越挣扎，就被鳄鱼咬得越多，可见鳄鱼收获得越多，但人的生命会就此结束。

　　从前有个老人家，上个月走路走得很快，但这个月走路却走得很慢。原因是老人渐渐变老了，骨质开始疏松。老人去求医，吃各种药品都无法变得像以前走得那么快。

　　一天，老人在路上遇到一个自称神医的人。神医对老人说："你买我这个药吃，服用 2 年，就可以恢复以前走路那么快。"老人问："先要一个月的药量，多少钱呢？"神医说："1 万元。"于是老人买了一个月的药量。

　　一个月后，老人药差不多吃完了，感觉没什么效果。但已经花了 1 万元买药了，下个月的药不买觉得不值，于是又找神医："再花 1 万元买一个月的药量。"

　　直至老人花了 24 万吃了 2 年的药，但还是无法像以前走得那么快。最后老人把药拿去化验，这些药品其实就是普通的维生素 C，一瓶也就几十元的成本。这时老人意识到被神医骗了 24 万元，但神医已经消失得无影无踪了。

　　如果老人没有买药，就不会被神医骗。如果老人买了一个月药后，没有继续买，那还能保住 23 万元的本金。

鳄鱼法则如何应用到股市中？

　　有个股民，他有 100 万元的本金，看见有一只股票已经跌了 40% 了，现在 9.99 元/股。然而该股打开了跌停板，现在 10.00 元/股，于是这个股民用 100 万元买入 10 万股。

　　第二天，该股又跌停了，股民的资金从 100 万元变为 90 万元了。第三天，该股又跌停了，股民的资金从 90 万元变为 81 万元了。股票还舍不得止损，于是第四天，该股又跌停了，股民的资金从 81 万元变为 73 万元了。第五天，该股又跌停了，股民的资金从 73 万元变为 65 万元了。

　　经历了 4 个跌停板，100 万元的本金已经变成 65 万元了。100 万元跌停就变为 90 万元，但 90 万元涨停也才 99 万元。可见 65 万元变回 100 万元，需要涨 40% 以上才能回本。

　　股民应该设置止损点，发现该股已经背离了市场的方向，就应该立即止损。如果继续等待回本，那么可以越亏越多，本金难保，没有本金翻身基本无望了。

　　股票市场上我们要学会运用鳄鱼法则，懂得止损，敢于亏损卖出股票。

　　股票市场上，也有人可以打破鳄鱼法则。

　　（1）鳄鱼像手掌那么小，咬住你的脚，你一拳就可以打晕鳄鱼了。同理在股票市场上，你有 100 亿元，某只股票的总市值也才 50 亿元，这只股你就可以控盘了。买入 100 万元，亏了 10% 补仓 200 万元，再亏 20% 补仓 400 万元。只要股票涨回 10% 就回本和赚钱，前提条件是你要有钱。

　　（2）鳄鱼很老了，咬住你的脚后，鳄鱼老死了，这时你就可以把鳄鱼嘴巴打开，安全地把脚拿出来了。同理在股票市场上，100 万元跌得剩下 65 万元，你不管了，结果运气好，股票涨回了 100%，65 万元变为 130 万元了。

　　（本故事纯属虚构，如有雷同，纯属巧合）

第十节　青蛙效应

青蛙效应指的是温水煮青蛙，青蛙会死；沸水煮青蛙，青蛙能生存。

> （1）沸水煮青蛙：将青蛙放在煮沸的水的锅里，青蛙感受到水热立刻会跳出来，并且安全地落地。
>
> （2）温水煮青蛙：将青蛙放入一个装满常温水的锅里，缓慢加热，青蛙虽然可以感觉到温度越来越热的变化，但是因为温度不会立马变得很热，懒惰的青蛙就没有立刻往外跳，后来等到青蛙感受到水温过热，已经忍不住时，青蛙已经来不及跳出锅了。活活的青蛙就这样给煮熟了。
>
> （3）在工作中，我们经常也遇见青蛙效应的事情。在一个企业工作久了，业务稳定了，那么工作就没有创业时那么多工作内容做了，每天上班可能也就研究下其他企业的方法。长期下去后，人可能就感觉舒适了。如果突然企业业绩不行了，工作内容增多，可能就会力不从心。

青蛙效应如何应用到股市中？

沸水煮青蛙原理：有个股民，买了一只股票。第二天，突然跌停，然后止损卖出了。

温水煮青蛙原理：有个股民，买了一只股票。第二天，跌了2个点；第三天，跌了3个点；第四天，跌了2个点；第五点，跌了3个点。虽然也亏损了10%，但这个股民没有止损卖出。后来该股票跌了40%，股民也亏损了40%。

股票市场上，我们不但要学习买对股票，也要学习卖出股票。尤其是止损卖出股票。

机构就像温水和沸水，散户股民就像青蛙。不懂止损，对于我们在股票市场上的资金，机构可能就会使用青蛙效应的手段吃光散户的本金。

有一种散户确实可以在温水煮青蛙的场景中成功跳出来。

在股票市场的初期，规则没有这么多，基金人员也是可以买卖股票的。A散户操作着B机构的资金买卖股票，这时A散户准备用B机构的资金买入C股票。在买入前，A散户用自有的资金先买入C股票，然后A散户再操作B机构的资金买入C股票，这时C股票大涨。

沸水煮青蛙原理：涨了50%后，突然遇上暴跌20%。这时A散户先把自有的资金卖出，赢利了30%。A散户再操作着B机构的资金卖出，由于资金量大，无法一时卖出，最后也赢利了25%。

温水煮青蛙原理：涨了50%后，每天都跌2%~3%，连续跌了10个交易日，合计跌了25%。但是A散户的自有资金和A散户操作的B机构资金也没有卖出，最后亏损严重。

（本故事纯属虚构，如有雷同，纯属巧合）

第十一节 总结

个人炒股的对手是其他个人投资者或机构。如果你经常在股市中亏损，那么就需要调整和改变思维，或者换一个角度想问题和看待问题。希望读者能运用上述的10个机构常用手法，提高自己的思维能力和判断力。

第十八章 规 则

第一节 运营规则

简单地说，以前的公交车司机不是一到车站就靠边停车的，而是看车上有没有人下车，没人下车可能就不停和不开门。后来运营就制定了业务规则，公交车司机不管车上有没有人下车，必须到站就靠车站停并且需要开关车门。

那么对于股票市场的运营规则呢？例如股票市场的委托传送时间、集合竞价时间、上午开市时间、中午休市时间、下午开市时间、下午闭市时间等等。制定了时间节点规则后，那么投资者只能在运营制定的规则时间内操作买卖股票。

运营规则制定得好，公交车的乘客可能就会多，用户体验也好，营业额就会上升，自然财务报表可能就会不错。同理，股票市场的运营规则制定得好，市场就可以稳定地发展，投资者就可以有序地按照规则投资。

以前也有销售部门和技术部门争吵，技术部门研发出来的新商品，销量差。那是什么造成的呢？运营制定的规则就是销售部门销售旧商品能获得较高的提成，而销售部门销售新商品只能获得较低的提成。那么销售部门自己制定部门规则，要求销售人员推荐客户买旧商品，不要推荐客户买新商品。结果旧商品销量好，新商品销量差。给老板的印象肯定就是技术部门研发新商品能力不行，决定加大生产旧商品，等等。最终原因其实就是运营制定的提成规则不完善导致的。

　　以前客户去银行取款，需要排队等着银行柜台员工处理。现在客户去银行取款，需要等着柜员机处理。前者是人对人，后者是人对机器，后者银行能够省下不少成本。如果当时运营人员站在自己的角度出发，保障自己的利益，而不是保障企业利益，会变成怎么样呢？可能就是客户去银行取款，客户自行在柜员机上操作取款，操作完成后，需要银行运营人员点击系统确认操作，确认后，机器才会吐钱给客户。结果就是保障了运营人员的工作岗位，而不能减少企业的成本。

　　比如股票市场只有三只股，第一只流通市值 100 亿元、第二只流通市值 200 亿元、第三只流通市值 300 亿元，总共流通市值才 600 亿元。有个富翁，他有 600 亿元，可完全控制整个股票市场的涨和跌。那么股票市场只能制定运营规则，引进更多的企业上市，发行新股，使这个富翁无法控制整个股票市场。

第二节　系统规则

　　系统规则通常是程序员将运营规则写入到系统程序里，让系统自动按这套运营规则运作。

　　例如：

　　（1）一个上市公司为了公司股价稳定在 10 元左右波动，将运营规则给到程序员，程序员写入系统里，让系统自动运作。如果股价涨停或上涨幅度较大，则系统在 10.6~11 元自动卖出大量股票，使股价下跌回 10 元左右；如果股价跌停或下跌幅度较大，则系统在 9~10.2 元自动买进股票，使股价上涨回到 10 元左右。

　　（2）假如一个计算机操作系统的安装步骤，需要按顺序先安装程序 1，再安装程序 2，最后安装程序 3，才能完成操作系统的安装。用户想改为安装顺序先安装程序 3，再安装程序 2，最后安装程序 1，行不行呢？行是行，那么用户就需要自己改写程序。说明系统是死的，给系统一套规则，系统会严格按照此运营规则运作。想要改变和增加系统规则，那么必须改写和新增程序。

（3）系统的数据不会是假的，假的数据都是人为造假。那么上市企业的财务报表数据应该可以查证是否造假的数据，企业每年交税的数据、企业每年的报表、企业的采购单和发货单，通过正推和反推，企业交的税是否与财务报表相符，就可以知道是否有造假报表。如果没有造假报表，那么企业缴纳的税应该是与系统数据销售相关联的。如果造假报表，报表显示收益这么高，那么企业缴纳税务交得那么少，肯定企业就造假了财务报表的数据。

（4）系统规则记录了详细的过程。就像老板要借1万元给小希，叫司机拿给小希，结果司机错给了小诗。1小时后，老板问司机，怎么还没拿1万元给小希，司机答："给小希？不是给小诗吗？我刚给错人了。"司机再去向小诗索要回1万元，并拿给小希。如果是手工记录可能就不会记录了这其中的错误过程，直接记录为老板借1万元给小希。而系统记录则可能记录为老板借给小诗1万元，小诗还款1万元，老板借给小希1万元。

第三节　管理规则

如果把运营规则看作企业运营自己企业的规范，系统规则看作企业运营系统规范，那么国家的管理部门就需制定规则来管理这些企业，这些权威部门制定的规则就是管理规则。

有时候管理规则就像一个"先有鸡蛋，还是先有鸡"的问题。同理，那么股票市场究竟是先有股票管理规则，还是先有上市企业。正常来说，应该是先有股票管理规则，再有企业申请上市，直至出现上市企业。但企业上市后，股票管理规则并没有那么完善，那么后面又出现新的股票管理规则，使得鸡和鸡蛋先后循环，变得很难说明先有鸡蛋，还是先有鸡。

总而言之，不管是系统规则、运营规则，还是管理规则，管理者自己、企业、投资者、机构都必须遵守循环规则。

例如，证券市场管理的相关部门，制定的股票交易时间，管理者自己、企业、投资者、机构都必须在规定时间内交易。不可能说你是上市企业老板，就可以在三更半夜买卖股票并成交。也不可能说你是规则制定者，就可以不在规定时间内买卖股票。以前买卖股票都是人工化，见到老人家排队买股票，管理者可能站在人性的角度，会让老人家优先买股票，不需要排队。现在买卖股票是系统化，系统只会记得价格优先、时间优先的规则成交股票。

所以作为投资者的我们，要经常地了解各种投资规则和交易规则，要懂得规则和遵守规则。如果不遵守规则可能就赚不了买柠檬茶的钱。例如，某只股票现价是 10 元/股，知道该股有利好消息会涨停，但投资者每次挂单买入股票的价格都想比现价低 1 分钱买入，结果价格优先、时间优先的规则把你堵在门外，没法买入，错过了涨停 10% 的收益。

虽然投资者可能不从事与金融相关的工作，但建议投资者应该了解证券从业资格的书籍。如证券市场基本法律法规、金融市场基础知识、发布证券研究报告业务、证券投资顾问业务、投资银行业务等规则类的书籍。

第四节 总结

万物生长都有一个循环的规则，人的循环规则就是生老病死，股票的循环规则就是上涨下跌。既然选择股票投资理财，那么就需要学习和弄清楚各种股票规则及基础概念。

弄清楚股票规则后，通过分析，做到上涨前买入，下跌前卖出，那么就能有所收益。在股票市场里，没有人能够做到每次操作只赚不赔，世界最厉害的投资人平均每年收益只不过 20%。

后　记

本书从 2018 年 6 月开始撰写，断断续续地撰写，2019 年 6 月终于撰写完成了。

为什么会断断续续地撰写？因为买理财产品都离不开金融行业的规则和规范，并且规则和规范经常在变化，所以撰写的过程中，会停下来翻阅行业的概念、理论、规则和规范。翻阅完毕后，再返回去撰写书籍，但有时候写着写着，又需要删除一些章节，增加另一些章节。为了使图书更加通俗易懂，都列举了实例和案例，所以需要时间绘制图片和实际操作，确保案例真实有用。

记得 6 月与朋友沟通时，朋友说目前市场上理财的书籍很多，能写出新意和有用的还是很难的。

于是，就开始规划书籍的框架，分为理财学习篇、新手实践篇、分析和方法篇。

开始主要是撰写理财基础规则和概念，然后对基础规则和概念了解后，思考如何减少投资者被骗的概率。投资者想着实盘买卖操作股票，那么本书就一步一步教投资者买卖股票。当投资者发现一卖股票就涨，一买股票就跌，那么就慢慢深入给投资者讲解投资比例规划、A 股历年牛市、投机和投资、K 线、安全度较高的股票、每月投资的股票、投资新股的方法、机构的套路的心得和经验。期望投资者可以在保住本金的前提下赢利。

博弈是二人在公平、公开、公正的对局中各自利用对方的策略变换自己的对抗策略，达到己方取胜的目的。将股票投资看作博弈的游戏，你的对手就是其他投资者。

经济发展得好，实业发展得好，才能真正带动股票市场。如果只有股票市场好，经济和实业都发展不起来，那么是不可能国富民强的，只会贫富分化更严重。

现在许多的资本家和富翁都是通过直接或间接企业上市，使自己个人变得有钱。企业上市后，股东就是等时间解禁持有的股票，到期限后卖出大部分股票套现。这样没法达到取之于民、用之于民的效果。企业股东和管理层套现的这些资金，是股民看好企业未来发展，希望企业更快地发展，再通过实际利润反馈给股票市场的投资者。

对个人投资者而言，学习也是需要花大量时间的，可见时间就是成本。所以，在众多的理财方式中建议只挑选1种深度的学习，其他理财方式有所了解即可。

这是本人的第一本金融投资类的书籍，由于水平有限、市场的概念、规则和逻辑不断更新，书上难免有一些错漏，望各位专业的读者指正，使本书变得更优秀。

祝大家投资理财路上财运亨通、财源滚滚，希望本书的内容能够真正帮助到理财投资的你们！

林富荣 CloudyLin

深圳罗湖